JN298879

見やすくきれいな小学生の教科別ノート指導

蔵満逸司 著

読んで自分の考えを書き込もう

「たんぽぽのねっこをごぼうのようなコーヒーにして飲むぞ！」と土手を歩きながらせんげんして、どんな味かなにがかったコーヒーすら飲んだことのないぼくたちに、たんぽぽコーヒーづくりというすごい体験をさせたり、
「北海道の小学生に手紙を書くよ！」と、知り合いがいるわけでもないのに礼文島の二年生に手紙をどこかな勝手に送ったんだ書いて送りつけたりしてきた。

黎明書房

はじめに

　小学生に対するノート指導の目的は，主に次の3点にある。

1　思考を整理したり深めたりする。
2　思い出したり確認したりするためのデータベースにする。
3　知識や技術を定着させる。

1　思考を整理したり深めたりする

　考える時，書くことで考えがまとまりやすくなる。

　すでに知っていることや新たに得た知識をノートに書くことで，無関係に思えていた複数のことがらの間に，意味のある関係を見出したり，新しいアイデアが生まれたりすることもある。

2　思い出したり確認したりするためのデータベースにする

　録音は音声情報に関してはほぼ正確に保存できるが，確認に時間がかかる。写真は視覚情報をほぼ正確に保存できるが，人が考えたり感じたことや言語情報を保存することは難しい。

　ノートは，事実だけでなく自分の考えたことや感じたことなどの情報を保存する便利なデータベースとして役に立つ。

3　知識や技術を定着させる

　漢字の書き方や計算の手順などは，書くことで記憶しやすくなる。ノートに書くことは，知識や技術の定着のために役に立つ。

　本書では，ノート指導の3つの目的を効果的に達成するための具体的方法を中心に紹介した。

　本書の執筆にあたっては，黎明書房の村上絢子さんと都築康予さんに大変お世話になりました。ありがとうございました。

　　2012年立春　　　　　　　　　　　　　　　　　　　　蔵満逸司

目　　次

はじめに　1

第1章　ノート指導のアイデア

ノートの選び方　4

文具の選び方　5

基本のノート指導　12

思考力を豊かにするノート指導　15

記憶強化に役立つノート指導　19

楽しくやる気のでるノート指導　22

特別支援を意識したノート指導　26

第2章　国語のノート指導

基本の書き方　28

1年　「字は，マス目に当たるぐらいの大きさで書きなさい」　30

2年　一文を短く書く習慣を身に付けさせよう　32

3年　読んで自分の考えを書き込もう　34

4年　作文のためのイメージマップ入門　36

5年　原稿用紙に慣れさせよう　38

6年　漢字をグルーピングしよう　40

第3章　社会科のノート指導

基本の書き方　42

3年　クイズを作ろう　44

4年　情報を対比表やマトリクス図で整理する　46

5年　日本地図を書けるようになろう　48

6年　ジャンル別年表で整理しよう　50

目　次

第4章　算数のノート指導

基本の書き方　52

　　1年　計算手順を言葉で書こう　54

　　2年　一貫して使える図解の方法を教えよう　56

　　3年　位をそろえることを徹底する　58

　　4年　分数は折り紙を使って表現しよう　60

　　5年　フリーハンドで図形を書こう　62

　　6年　補助数字を堂々と書こう　64

第5章　理科のノート指導

基本の書き方　66

　　3年　イメージマップで学習をまとめよう　68

　　4年　マークや吹き出しを活用しよう　70

　　5年　観察や実験の図を絵手紙風に表現しよう　72

　　6年　用語集を作ろう　74

第6章　生活科・図工・音楽・家庭科・体育・道徳・英語活動・総合的な学習のノート指導

　　生活科　マンダラートでまとめよう　76

　　図工　作品ファイルを作ろう　78

　　音楽　鑑賞ノートを作ろう　80

　　家庭科　人とつながるノート作り　82

　　体育　自分の記録を綴るノートを一冊持とう　84

　　道徳　いろいろな行動を予想して付箋に書こう　86

　　英語　英語紙芝居ノートを作ろう　88

　　総合的な学習　取材メモの技術を指導しよう　90

第1章

ノート指導のアイデア

ノートの選び方

マスの数や行数が少しずつ異なるたくさんの種類のノートがあるので，ここでは，教科，学年ごとに標準的なノートのタイプを示した。

国語

1年	マスノート　十字リーダー入り　1行6マスから12マス
2年	マスノート　十字リーダー入り　1行10マスから15マス
3年	行ノート　中心リーダー入り　12行から15行　目盛り付き
4～6年	行ノート　中心リーダー入り　15行から17行　目盛り付き

漢字　　84字～120字

算数

1～2年	マスノート　十字リーダー入り　B5横　1行6マスから8マス
3年	マスノート　B5判縦　横12マス縦17行
4～6年	10mm方眼ノート　十字リーダー入り

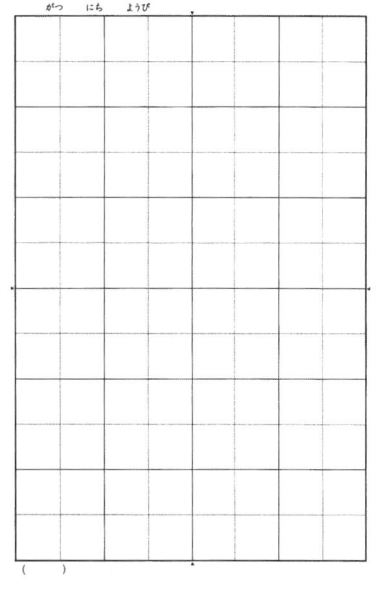

国語1年　マスノート　十字リーダー入り　1行6マス

算数3年　マスノート　B5判縦　横12マス縦17行

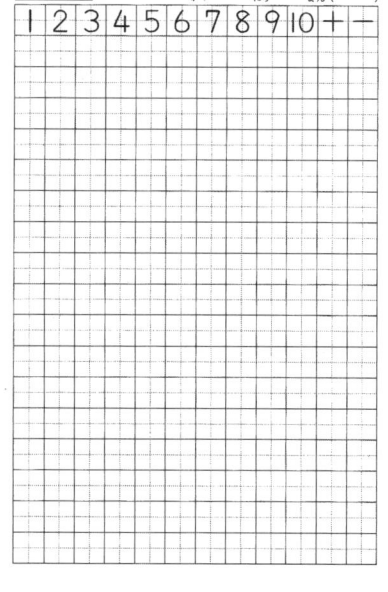

社会・理科

3～6年　10mm方眼ノート　十字リーダー入り

　10mm方眼は，図表を書く時や計算をする時にも便利なのでおすすめである。

　3年生以上の算数・理科・社会では，横罫線のみで1cm間隔で目盛りがついているノートも検討したい。方眼ノートに比べるとすっきりして見える。必要な時は目盛りを使えば図表も書きやすい。

文具の選び方

六角鉛筆か三角鉛筆か

　各社が様々な鉛筆を開発している。

　学校で指定するしないに関わらず，基本的な知識を持ち，保護者や子どもから質問されたら長所や短所を適切に答えられるようにしたい。

　六角鉛筆と三角鉛筆のよいところと気になるところを比較表にまとめた。低学年の子どもには，三角鉛筆がおすすめである。

	よいところ	気になるところ
六角	握り方を微妙に変化させられるので，鉛筆の持ち方を微調整することができる。	鉛筆と手が固定しづらいので，握力が弱い子どもには扱いにくい。
三角	鉛筆と手が固定しやすいので，握力が弱い子どもでもしっかり持つことができる。	鉛筆の持ち方を微妙に変化させることが難しいので，微調整が難しい。

　他にも，手が鉛筆と密着してずれないように鉛筆の側面に水玉模様の溝を彫った鉛筆，持ちやすい少し太めの鉛筆，持った時にしっとり感がある鉛筆などアイデアたっぷりの鉛筆がある。

入学専用鉛筆と銘打たれた2Bの鉛筆もある。トンボ鉛筆の商品で，通常の鉛筆より少し短く，頭の部分に丸みを持たせてある。小柄な1年生の顔に鉛筆が近くなることを避けることと，顔に当たった時に怪我をしないようにという配慮から開発された商品である。箱には低学年向けと書いてある。
　円柱状の鉛筆もあるが，机の上でころころと転がりやすいことから通常の学習には向かない。

鉛筆の濃さは2B以上がおすすめ

　鉛筆には10Hから10Bの濃さがある。
　小学校低学年では2Bが全国的に使われている。筆圧の安定しない低学年児童でも濃く書けることや，芯が柔らかいほうが，とめ・はね・はらいが表現しやすいからである。
　高学年になるにつれて握力が増していくので，主に使う鉛筆が2BからHBへと変わっていく子どももいる。しかし，私の勤務校で聞いたところ，6年生でも半数ほどが2Bを使っていた。「書きやすい」「きれいに字が書ける」からだという。
　硬筆で2Bを使うことが多いのは，とめ・はね・はらいなどの文字の美しさを表現する部分に変化をつけやすいからである。
　硬筆用の鉛筆も各種販売されている。2Bが多いが，三菱鉛筆は4Bと6Bの硬筆用鉛筆を販売していて，それぞれ三角と六角の商品がある。硬筆の鉛筆については2Bに限らず，より柔らかい3B以上の鉛筆も検討してみたい。
　あまり知られていないが，「筆鉛筆」という三菱鉛筆の鉛筆がある。極太芯10Bで，一本の定価が420円（税込み）と高価な鉛筆だが書き心地はいい。群馬県・埼玉県地域限定発売である。
　キャラクター鉛筆や香り付きの鉛筆は，気が散るきっかけになりやすいので学校ではできれば禁止したい。

鉛筆の持ち方は下学年で徹底指導

　鉛筆の持ち方は下学年で徹底して指導する。1年生の段階でよくない持ち方に慣れてしまうとなかなか変えることができない。

　鉛筆の持ち方を矯正するための道具が安く販売されているので，教室にいくつか置いて必要な子どもには貸し出すなどして指導したい。

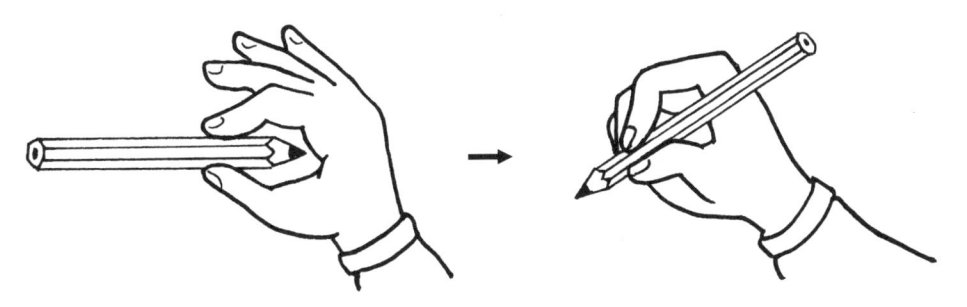

親指と人さし指で図のように軽くはさむ　　　鉛筆をくるりと回転させて，中指をそえる

鉛筆の本数

　登校時，筆箱には授業時数分の先のとがった鉛筆が入っているのが理想である。もちろん家庭で削ってくるのが基本である。

　それでも，鉛筆を全部使ってしまう子どもや，削るのを忘れてくる子どもがいるので，教室に電動の鉛筆削りが1つは必要である。廊下に置いて休み時間限定で使わせるようにしたい。

　もし，鉛筆の本数が少ない子ども，削らないで登校する子どもが決まってきたら，「鉛筆の準備はできている？」「削ってきたかな？」と声をかけるようにしよう。それでも授業が始まった時に鉛筆の準備ができていない子どものために，すぐ使える鉛筆を20本程度はいつも準備しておき，必要な子どもにそっと貸し出すようにしよう。

　消しゴムも同じで，継続的な指導をした上で，忘れた子にはそっと貸してあげよう。鉛筆も消しゴムも子ども同士の貸し借りは禁止して，教師が貸し出すほうが授業の雰囲気は壊れない。

シャープペンシルは使用させない

シャープペンシルは原則として使用させない。

芯の出し入れと替芯の管理が低・中学年には難しい。部品の取り外しやノック操作が手遊びにつながり、授業に集中できない子も出てくる。

子どもたちにとって、シャープペンシルは格好いい文具である。高学年の子どものなかには、1年から6年までの一斉禁止に納得しない子も出てくる。何年からなら大丈夫だというような明確な境目がない問題なので、学校で意思統一を行い、継続して指導できるなら高学年では許可するということもあるだろう。

赤色は鉛筆かペン（ボールペン、フェルトペン）か

赤鉛筆か赤ペンかが時々議論になる。長所と短所をまとめてみた。私は、下学年では赤鉛筆を使わせ、上学年では自由に選択させるようにしている。

	長所	短所
赤鉛筆	・分解できないので、手遊びの道具にならない。 ・筆圧を調整することで色の濃淡を表現できる。 ・色がにじまない。 ・削り方を調整することで、太さを変えられる。	・折れることもある。 ・削らないと使えない。 ※巻いてある紙をはがす方法のものもある。
赤ペン（ボールペン・フェルトペン）	・削らなくていい。 ・非常に安価なものもある。 ・折れない。 ・芯だけを替えることができる。	・分解できるものは、手遊びの道具になることがある。 ・途中で書けなくなることもある。 ・キャップをなくしたり、壊してしまうことがある。 ・定規を使って線を引くと、色がにじむことがある。

教師用としては、三菱鉛筆の「ユニホルダー」がおすすめである。芯は2.0mmの太さだがまず折れることはなく、長く使え経済的でもある。

色が出なくなることもないし、削る必要もない。しかし、ホルダーが実

勢価格で400円程度と比較的高価なので子どもにはすすめられない。

ボールペンとサインペン（フェルトペン）

　私の場合は，赤以外は青と緑に決めて4月に指示し1年間通して使わせている。入手しやすく目立つ色で，似た色の組み合わせでなければ他の色に決めてもいい。複合ペンは切り替えの音がしたり手遊びの道具になりやすいので単色ペンを用意させる。

　硬筆と学用品に名前を書くためのサインペン（フェルトペン）1本も必需品である。

　鉛筆と赤色に加えてあと2色のボールペンを使うなら，使い分けを年度初めに決めて徹底することが大切である。

　使うボールペンの色と内容の例である。

黒（鉛筆）	板書の白チョーク，見出し，単元名
青	自分の考えを囲む
緑	疑問点を書く　※緑線：よくわからない言葉・文章
赤	板書の赤チョーク，重要語句，定義 ※赤枠：めあて・まとめ

消しゴムはよく消えるものを

　消しくずがまとまる，ヒノデワシの「まとまるくん」やサクラクレパスの「ラビットたいへんよくきえました消しゴム」など，消しくずがまとまるタイプは机の上が散らかりにくい。

　角が28個もあるコクヨS&Tの「カドケシ」，穴や溝で消していっても角が生まれるSEEDの「アナタス」は消しやすい。

　トンボ鉛筆の「モノPE04」，SEEDの「レーダー」など定番モノは販売している場所が多いので買いやすい。

　上学年になると，細かい部分を消すことができるスティック消しゴムを

使いこなす子どももいるだろう。
　私は，基本的には消しくずがまとまるタイプのものをすすめるようにしている。
　消しゴムを忘れると学習ができないので，予備を教室に用意しておこう。

下敷きを使わせる

　下敷きを使う理由は次の3点である。
① 　裏ページに書かれた鉛筆書きの文字が前ページに転写されるのを防ぐ。
② 　ノートを鉛筆の芯先で破ったり紙に凹凸をつけない。
③ 　下敷きを敷くことで紙が平らになるので文字が書きやすい。
　小学校では下敷きを使わせたい。
　イラストのない下敷きのほうが気が散らない。
　固い紙でできた下敷きは，素早く書くことやノートを平面に保つことに向いているので通常使用するのに向いている。
　柔軟性のある下敷きは，文字の芸術性を表現することに向いていて，硬筆学習用と書かれた商品が多い。もちろん日常的に使っても問題はない。
　下敷きのサイズはB5とA4がある。使うノートにA4があるならA4サイズが適している。
　一般的には無地の下敷きがいいが，九九を十分記憶していない子どもに九九表を見ることを認める場合，九九の書かれた下敷きを学習補助シートとして活用させるなど，学習に関係のあることが印刷されている下敷きの利点もある。

定規は利き手に合わせて準備させる

　三角定規セット（直角定規と二等辺三角形）・直線定規・分度器は必需品。左利きの子どもがいたら左利き用を紹介したい。百円均一ショップの商品にもある。教室にもそろえておきたい。

直線定規と分度器は端から使えるものがおすすめである。
●工夫されている定規●

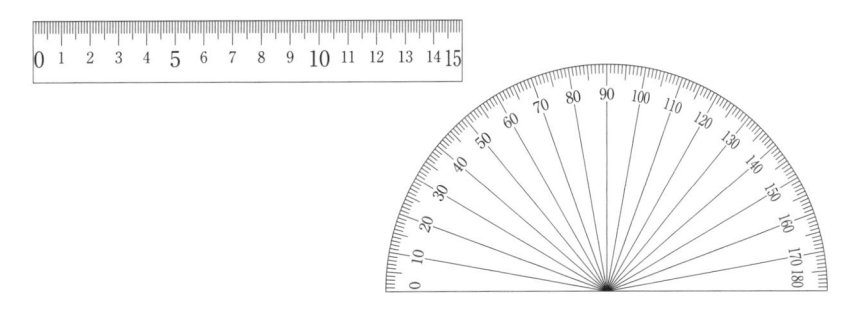

ミニ定規は筆算計算などで便利

　ミニ定規は，筆算などで横線を引くのに役立つ。10cm程度の定規も市販されているので購入させてもいいが，保護者にお願いしてカッターなどで古い定規を10cm程度に切ってもらえば経済的である。

筆箱も無地がいい

　筆箱もキャラクターなどが描かれていない無地の物が学習に集中できる。しかし，親せきからプレゼントされたものだったり，買い換えるのは経費がかかることなので強制することはできない。

　金属製の筆箱は，落とした時に大きな音を立てるので，できれば使用させたくない。

テープのり

　テープのりは使い勝手がいい。

　新聞紙，メモ用紙などをノートに貼り付ける時，コクヨS&Tの「ドットライナー」などのテープのりは簡単に貼れてのりがはみ出すこともない。

メンディングテープ

　3Mの「メンディングテープ」はノートに紙を貼った時テープが見えに

くく，また，上からも鉛筆やボールペンで書けるのが便利。コピーをとってもほとんど写らないのもありがたい。

山盛り筆箱は別に用意させる

　ボールペン，フェルトペンや色鉛筆を多数筆箱に詰め込む子どもがいる。手遊びやカラフルなノート作りに時間をかけ過ぎるのが気になる。

　休み時間に絵を描く時にどうしても必要だという場合は，授業用とは別の筆箱を用意させよう。

基本のノート指導

学年・使い始めの日付・単元名を表紙に書かせる

　学年・使い始めの日付・単元名を表紙に書かせることで，このノートで勉強をするんだという気持ちを高めるだけでなく，ノートが複数になった時，どの学習がどのノートに書いてあるか調べやすい。

　表紙に単元名を書けない時は，1ページ目を目次にして単元名を書く。

書ける場所があれば単元名を書かせよう

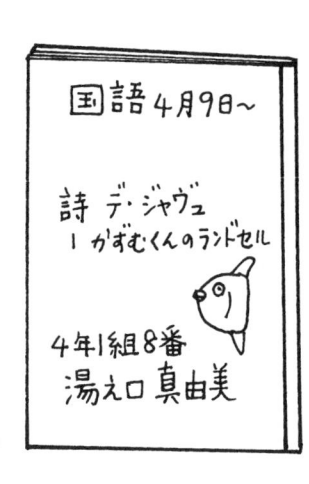

使い始めの日も忘れず書かせる
イラストを1つ入れると表紙が明るくなる

日時を明示する

　ノートには必ず学習日の日時を書く。また，どこを学習しているかがわかるように教科書のページやドリルの番号などを書く。

　6年生の場合は，「卯月12日」「葉月20日」というように昔の月の名前で書いたり，英語で書いたりするのも楽しい。

数字や文字の縦横をそろえよう

　計算する時の数字や文字は，縦横をそろえる意識を持たせたい。そのために，縦横をそろえやすい方眼ノートを使わせるだけでなく，補助線を書き加えて縦横をそろえることを強調したり，白紙を使って縦横をそろえて書く練習をさせたりする。

```
  3.21
+ 2.4
─────
  5.61
```

（白紙に書く練習も効果的）

プラス情報をメモさせる

　「両手を広げたらちょうど1mだった」「鹿児島市からだと東京よりソウルのほうが近い」など，学習の途中で教師や友だちから聞いたエピソードや驚いたことなどをノートに書いておくようにさせる。

　ちょっとした面白情報は印象に残りやすく，学習の本筋から多少離れていても学習意欲の向上につながる。

一文は短く書くことをすすめよう

　一文を短くすることをめざして，次の2つの原則をもとに指導する。

　「1つの文に主語と熟語は1つしか書かない。」

　「。が来たら行替えをする。」

　意味のまとまりを考えて行替えをするように指導するのは高学年でいい。

マークを活用しよう

　よく使う言葉はマーク化するとノートを書くスピードがアップする。

　低学年では教師が決めてアドバイスすればいい。

　中学年以上では，子どものアイデアを生かして統一したマークを使用したり，子どもそれぞれのアイデアで使わせることもできる。

　【例】・教科書のページを表す時は，「p29」と書く。

・練習問題は，□れ□ 練 。
・答えを間違えた理由を書く時は，※。

書き始めは階段にしよう （p28参照）

　1行目，2行目，3行目と行の出だしは内容に応じて少しずつずらして，階段状になるようにすると見やすくなる。

ナンバリング

　2問以上の練習問題には番号を必ずつける。
　答え合わせの時に何番の問題と言えばわかるので○×がつけやすいし，どの問題を説明しているかもすぐわかる。
　数字で順番をはっきりさせることをナンバリングという。なるべくナンバリングの書き方は教師のほうで一貫したものを使い，子どもたちにもそのまま使わせたい。

資料はなるべく切り貼りしよう

　資料は別ファイルにするよりノートに貼るほうがすっきりしていい。資料はなるべくB5サイズにして，切り貼りする前提で大きさを考えて印刷しよう。

子どもの速さより少し速く書く

　教師と同時に書き始める習慣を身に付けさせる。「ノートに写してください」という合図で書き始めるように習慣づけよう。
　板書を視写する時や聞き書きをする時は，字をていねいに書く練習ではなく，字を速く書く練習であることを子どもたちにはっきり伝え意識させよう。
　しかし，やみくもに教師が速く書くのではなく，子どもたちの書く速さ

を意識して板書し，最後はある程度書く速さを調整して，たいていの子どもが追いつくようにする。

教師が板書している間，角度によって黒板がしばらく見えない子どもがいる。「見えません」という発言に何度も対応する必要がないように，見えない時は黙って少し待つように最初に指導しておこう。

いすの座り方

おしりをいすの奥に置いて背筋を伸ばす。足の裏全体を床につける。

いすの座り方はていねいに指導する。

姿勢が持続しない子どもは，体力不足や生活習慣が不規則などの理由が考えられるので，保護者と相談しながら指導を続けよう。

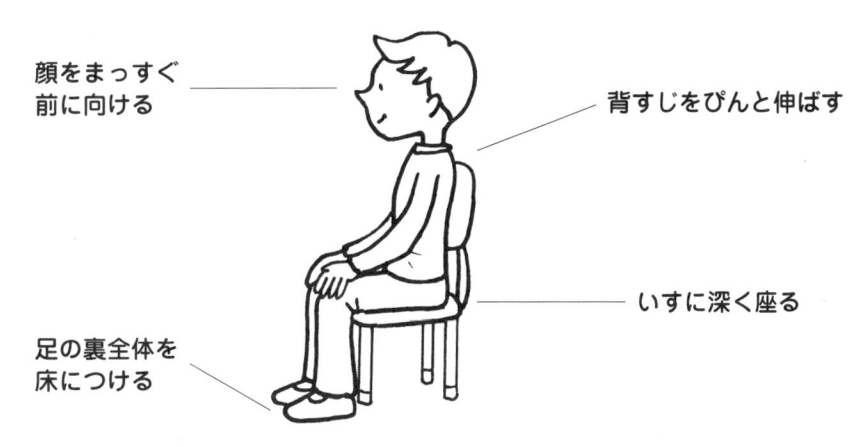

- 顔をまっすぐ前に向ける
- 背すじをぴんと伸ばす
- いすに深く座る
- 足の裏全体を床につける

思考力を豊かにするノート指導

学習感想メモ

授業の最後に時間が1分とれる時は，学習感想をノートに1行でも書くようにする。

学習感想は，①学習したことがわかったか，②積極的に学習したか，③楽しく学習できたか，の3点を中心に書かせる。

この3点は，学習感想の書き方のポイントとして，紙に書いて教室に掲示しておく。

重要語句でまとめるまとめメモ

　学習の最後に，今日学習した範囲から重要語句の1つを必ず使うよう指定して，まとめの文を書かせる。

　学習内容を十分理解できていない子どもに，もう一度学習したことを復習するチャンスを持たせることになる。

　例「今日の学習を，リサイクルの言葉を使ってまとめなさい。」

　　「今日の学習を，約分の言葉を使ってまとめなさい。」

友だちの意見は名前も忘れずにメモする

　友だちの名前を忘れずに書いておくと，印象に残りやすい。また，後からわからないことを質問する時にも役立つ。

平仮名OK

　聞き書きの場合，思い出せない時は，平仮名かカタカナでさっと書いておき，後で調べて書き直すようにする。漢字で書くことよりも，教師の話すスピードに合わせてノートに書くことを優先させる。

付箋紙活用

　付箋紙は授業に使えるとても便利な文具。

　授業のなかでの使用例をまとめてみた。

付箋紙　大	自分の意見を詳しく書いて，班の意見をまとめる広幅用紙に貼る。
付箋紙　中	自分や友だちのアイデアを簡単に書いて，ノートに貼って，アイデアをグルーピングする。
付箋紙　小	関係のあるページにしおり代わりに挟む。辞典で調べた言葉の目印に貼る。新しい単元に入る時に外す。

6W3H 発想法　（☆ 5W2H）

When	いつ	☆
Where	どこで	☆
Who	だれが	☆
What	何を	☆
Why	なぜ	☆
Whom	だれに	
How	どのように	☆
How much	いくら	☆
How many	どのくらい	

　何かを考える時に，役に立つのが6W3H発想法である。

　子どもたちがいつでも見ることができるようノートの裏表紙に貼っておくと便利である。

　社会科の学習で「大化の改新」「平城遷都」など，大きな事件を，6W3H発想法でまとめるとわかりやすい。

クイズ作り（p44, 45参照）

　単元のまとめに，クイズ作りを設定する。

　学習した範囲からクイズを考えさせ，問題と答えを書かせる。

　クイズの問題数は時間に合わせて調節すればいいので，短い時間でも取り組める。

　子どもたちの書いたクイズから，ポイントを押さえた問題や面白い問題を選んで全員に出題する。

　取り組みやすいクイズの形式には，一問一答クイズ，穴埋めクイズ，○×クイズ，3択クイズがある。

定規にこだわらない（p62, 63参照）

　線を引く時，すべて定規で引く必要はない。筆算の横線や図形などについてもフリーハンドで書けるように指導することが大切である。

忘れた時用ノート用紙

　ノートを忘れることは，学習の継続性を維持する上で大きなマイナスである。もちろん忘れないように指導することは大切だが，忘れた時どうするかも考えておきたい。

　ノートを忘れた子どもは，すぐに他教科のノートに書こうとする。

　しかし，いろいろな教科の混ざり合ったノートは，必要な情報を探すデータベースとしての価値がとても低くなるので，他教科のノートには絶対に書かせないようにする。

　これは，新学期に徹底して指導したいので，声かけだけでなくノートの点検を4月は頻繁にしよう。

　ノートを忘れた子どもには，教師が用意しておいた用紙を使わせる。

　各教科で使っているノートの書式とほぼ同じ物をパソコンで作り保管しておき，忘れた時に使わせるのである。

　使った用紙は持ち帰らせず学校で保管し，次の同じ教科の時間に貼らせると紛失の心配がない。

漫画でまとめよう

　学習したことを漫画で表現させよう。

　いい作品は印刷して全員に配りノートに貼らせたい。

　四コマ漫画で表現できる子どもがいたらぜひ書いてみてとすすめよう。

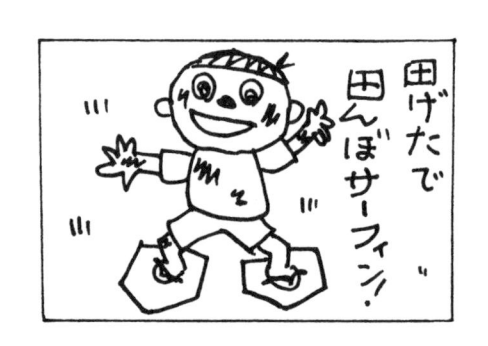

疑問点は余白に赤で書き込もう

疑問点がたくさんある子は伸びる。ただ,疑問を持つたびにすぐ質問するのではなく,しばらく自分で考えたり調べたりすることも大切。

授業が先に進むと謎が解けることもある。

疑問はノートの余白に緑ペンまたは疑問用に決めた別色のペンを使って記入させよう。

便利な図解法を教えよう

図解法は,学習したことをわかりやすくまとめるために役立つ。また,自分の思考を整理したり深めたりするのに役立つ。

[マトリクス図] (p46, 47 参照)

2つの条件で物事を分析する方法。対比させることで物事の持つ特色を浮き彫りにすることができる図解法。

[イメージマップ] (p36, 37, 68, 69, 80, 81 参照)

関連する物を書き出していくことで既知の物事の関係をはっきりさせると同時に,新しい発想を導き出す図解法。

[マンダラート] (p76, 77 参照)

1つの言葉から連想する物を8つ書き出すことで,イメージを広げる図解法。

記憶強化に役立つノート指導

目次を作ろう

1ページ目に目次を作ろう。ノートを使いやすくするだけでなく,目次を作ることで本を書いているような気持ちになることができて楽しい。

見出し

　ノートに見出しがあると検索力がアップする。

　ノートの上の枠外か一番上の行を使って少し大きめの字でていねいに単元名や，今日の学習の見出しになる言葉を書くようにしよう。

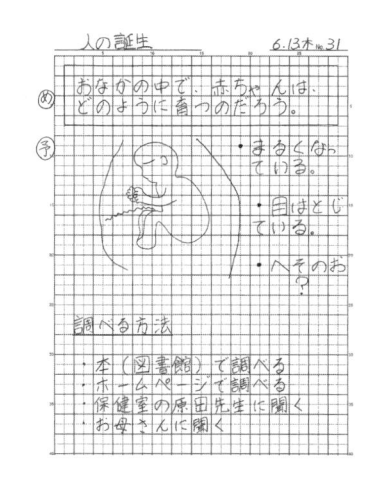

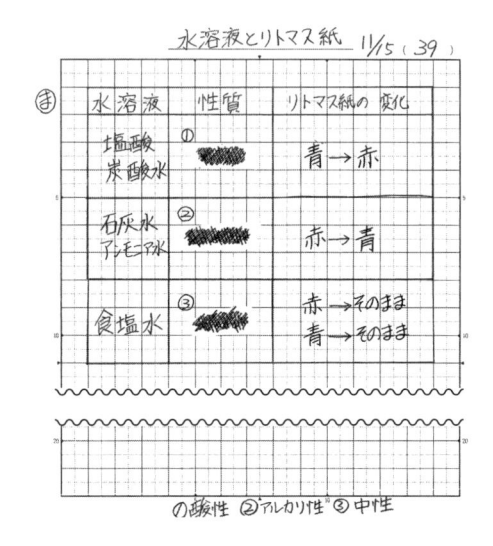

修正テープや暗記ペンで暗記

　赤鉛筆で書いた重要語句を修正テープで見えないようにして覚えさせる方法も効果的である。正解は同じページの右側か下の欄に書いておこう。

　修正テープで隠せない時は，上から鉛筆でこすると完全に見えなくなる。

　暗記ペンも暗記に役立つ。まず赤や緑の専用ペンで覚えたい文字をなぞる。次に専用シートを載せると，専用ペンでなぞった部分の文字が見えなくなるというものだ。

ポイントは1，3，5でまとめよう

ポイントは1つ，3つ，5つのどれかにまとめると覚えやすい。

多少強引でも構わないのでセットにしたほうが忘れにくい。

地図を書く練習は大切

世界地図，日本地図，住んでいる都道府県と市町村の簡単な地図は，何も見ないでさっと書けるように指導したい。社会科の地理や歴史の分野は，地図と一緒に記憶すると覚えやすいからである。

3年では市町村地図，4年では県地図，5年では日本地図，6年では世界地図を書けるようにしたい。

重要な地名が登場したら，地図を書いて場所を示して解説まで書き込めるようにしたい。

用語コーナーを作ろう

重要な言葉だけの用語コーナーを作りたい。これぞと思う言葉だけでいい。

1ページを左右に分け，左に用語，右に意味，というように分けて書くと，調べたり覚えたりしやすい。

国語，社会，理科，算数の各教科のノートで用語コーナーを作ると便利だ。

索引ページを作ろう

用語コーナーを作らない場合は，ノートの最後のページを重要語句と教科書のページを並べた索引ページにすると便利だ。

重要語句を書いていくと，検索という目的でも役に立つが，学習のポイントが集まるので全体を見渡すことが容易になり，復習する時にとても役立つ。

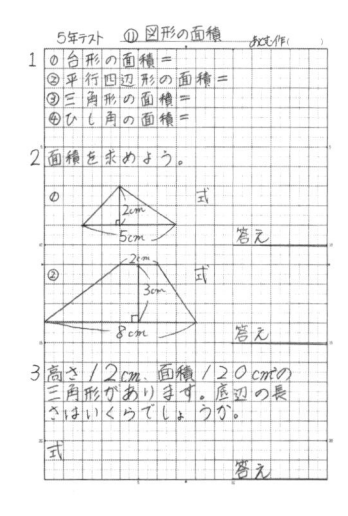

テスト問題作り

　単元テストの簡易版を子どもたちに作らせてみよう。ノート1ページを使うと立派なものができる。

　テスト作りは，学習のポイントを自分で確認することになるので，大切なことを整理して記憶する効果的な復習になる。

ノートを短時間で繰り返し見る復習が効果的

　ノートは書いて終わりではない。

　短時間でいいから定期的に見直すと記憶量が増える。

　授業が早く終わった時，テストの前に，さっと見直す時間を作るだけで効果がある。

間違った理由を書いておこう

　小テストでも本番テストでも，間違った答えを正しく書き直して終わりでは，成績は伸びない。なぜ間違ったのかを分析して，ノートにテストの反省として理由を書いて定期的に見直すようにするとミスが少なくなる。

楽しくやる気のでるノート指導

ノートに素敵なネーミングを！

　ノートに個性的な名前をつけると，愛着が増し，子どもたちの学習意欲

も向上する。ネーミングの作業は，授業開きのなかに位置づけてもいいし，最初の宿題にしてもいい。迷って決められない子どもには例を示して真似してもいいよと声をかけよう。人を傷つけたり，いやな気持ちにさせるかもしれない名前はつけたらいけないことをしっかり説明しよう。

「スーパー算数ノート」「未来の世界へつながる理科ノート」「まきこの社会科ノート」「算数博士への道」「中学数学への道」などユニークな名前が出て来る。

教科書を参考にする方法も紹介しよう。

光村3年上のサブタイトル「わかば」を使って「みどりのわかば」「わかば国語ワールド」「わかばノート」などもいい。

決まったら教師に見せて問題がなければ，書く道具やレイアウトを工夫して清書させよう。

保護者や教師が児童名を書く

1年生の保護者が児童名を書くのは一般的だが，2年生以上でも最初の1冊目だけは保護者に全部書いてもらおう。子どもたちの学習意欲を高めることが期待できる。また，保護者にも子どもがどんなノートを使うのか見てもらうことができる。

国語や算数など一教科でいいから，2冊目のノートに教師が名前をていねいに書いてあげよう。ノートの大切さを子どもたちに意識させ学習意欲を高めることが期待できる。

教師キャラクター

教師キャラクターを決めて，4月の学級開きから授業や学級通信に登場させ，子どもたちの人気キャラクターにしよう。

私のキャラクター「わっはっは」は，授業で一番大切なポイントをまとめた時やノートにコメントを書く時に登場させる。
　子どもたちが真似して書きやすい，簡単で特徴のはっきりしたキャラクターがいい。

ノート点検は定期的に
　ノートは授業中に見ることも大切だが，週に一度は回収してていねいに見てあげよう。
　整理されていないノートでは学力は向上しない。ポイントのわからないノートは活用のしようがない。書き直させたり，書き方をもう一度指導する機会にしよう。

ノートだけ見ていいテスト
　ノートだけ見ていいテストをしてみよう。小テストでもいい。
　小学生もノートだけ見ていいと言われるとノートをとても大切に書く。

有名人のノート紹介
　中村俊輔著『夢をかなえるサッカーノート』（文藝春秋）のような著名人のノートを子どもたちに見せるとより意欲的になる。
　作家，芸術家，スポーツ選手のノートを，書籍や雑誌などから紹介しよう。日記でもいい。

消しゴムスタンプ
　人気のあるキャラクターを使った，「合格」「よくできました」などの教師向けスタンプセットが市販されている。
　子どもたちのノートにこのスタンプを押すと子どもたちは大喜びする。

約分忘れを強調するスタンプ

教師キャラクターのスタンプ

　教師キャラクターや地域特有の動植物などをデザインした消しゴムスタンプを作るのも楽しい。消しゴムを彫刻刀などで削って作るのだが，専用の材料や道具，解説本なども販売されているので，気楽に取り組んでみよう。

ノートの使い方コンクール

　ノートをていねいに書く子どもを，どんどんほめてあげよう。

　ノートの書き方コンクールには，教師が審査する方法と子どもたちが相互に評価する方法がある。

　1回目は教師が審査し，2回目は子どもたち相互に評価させるなどいろいろな方法で実施するといい。特に問題がない場合は，参観日に保護者に見てもらい投票してもらう方法もおすすめである。

　ノートの使い方コンクールを実施する場合は，事前に子どもたちに予告しておく方法と予告せず授業後回収して説明する方法がある。

　それぞれ実施してみてもいいが，参観日に保護者に見てもらう場合は，事前に予告したほうが，恥ずかしい思いをする子どもがいなくていい。

　審査は，「ていねいに書いている」「見やすい」「ノートの書き方のルールを守っている」の3項目で評価する。

　立派な賞状を用意しよう。

保護者にノートを見てもらおう

　いろいろな機会に保護者にノートを見てもらおう。サインをしてもらったりコメントを書いてもらおう。保護者にノートを見てもらう宿題を週末に出してもいい。

　子どもたちは自分のがんばったことは見てもらいたいし，ほめてもらいたいものである。

特別支援を意識したノート指導

視覚刺激を教室の前面から減らす

　いろいろな刺激に弱く，集中を続けることが難しい子どもたちのために，教室前面の視覚刺激はなるべく少なくする。

　前方にある教師用本棚などは，無地のカーテンで覆う。

　週行事予定表も学習中はカーテンで見えないようにする。

　係などのマグネット，児童名の書かれたマグネットなどは，必要でない時は見えない場所に収納する。

板書の工夫

　ノートに子どもたちが書きやすいように，ノートの書き方のルールに合わせて板書する。特に色チョークや線は，注意して使いたい。

　文字の大きさや色を変えて，大切なことを強調する。

　１年生の場合は，教室の黒板に同色か近い色の油性ペンでノートと同じ書式になるよう線を引いて使うと，子どもたちが視写しやすくなる。

　視写が難しい子どもには，板書の内容をあらかじめコピーして机に置いて写させてみる。目の移動距離が短いので写しやすくなる子どももいる。眼球運動から考えても上下より左右のほうが楽である。

視写に少し時間がかかる子どもには，コピーや板書をもとに後で書くように指示する。子どもの実態によっては，残りは書かせずコピーを貼りつけてあげてもいい。

計算手順と補助数字はぶれないものを指導する

同じタイプの計算なのに，計算手順や補助数字が変わると戸惑う子どもは少なくない。できるだけ学校全体で統一して指導することで，学習障害のある子どもたちが落ち着いて学習し基礎的な学力を身に付けやすくなる。

学習が遅れがちな子どものために

教師のところにノートを持ってこさせる場合，「一列」「二列」と持ってきていい列を指定すると子どもが並んでいる時間が短くなるし，学習スピードが速い子どもが頻繁に持ってくる状態も避けられる。

学習が遅れがちな子どもには，最初に持ってきた時に，「次の一問が終わったらいつでも持ってきていいよ」と声をかけ，他の子どもより頻繁に持ってこれるようにする。

問題が解けず，自分から持ってこない子どももいるので，定期的に「一列全員」「二列全員」と列の全員に持ってこさせることも大切。

教師が教室内を回覧しノートを見る場合は，問題をその子の実態に合わせて変えたり，問題数を減らすなどの工夫をし，意欲的に取り組めるようにする。

大きめのマスの用紙や，一枚に一問だけを解く集中しやすい用紙を用意しておき，必要な子どもに使わせることもある。

第2章

国語のノート指導

基本の書き方

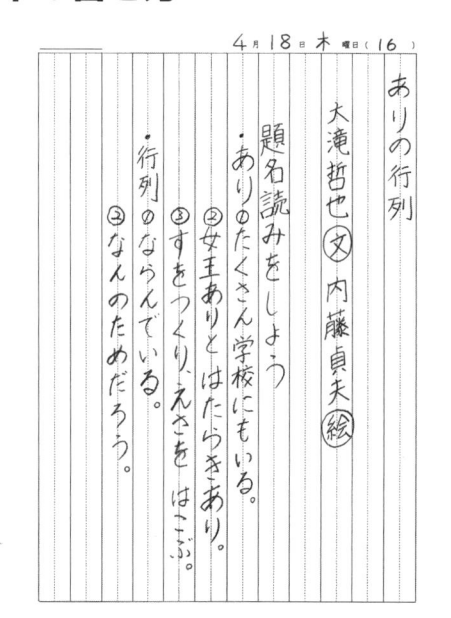

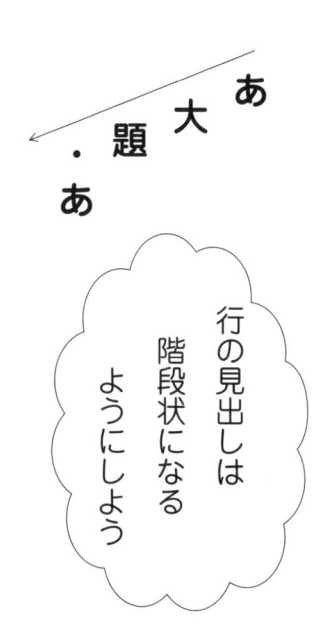

行の見出しは
階段状になる
ようにしよう

ていねいな文字にこだわろう

　きれいでなくてもいいが，ていねいに書くことにはこだわろう。

　「列の最初の一文字は最高にていねいに書こう」

　「字はていねいに枠にあたるぐらい大きく書こう」

　「濃い字でていねいに書くときれいに見えるよ」

と声をかけよう。

一文が短いほうが読みやすい

　一文短文主義でいこう。短いほうが読みやすくて書きやすい。

　「一文に主語と述語は一つずつにしよう」

　「一文で改行しよう」

　この２点を継続して指導しよう。

自分の考えを大切にしよう

自分の考えは青ペンで囲み強調する。

6Bぐらいの濃い鉛筆で書く，黒の太めのサインペンで書くなどの方法もある。子どもが自分の考えを大切にする気持ちを育てたい。

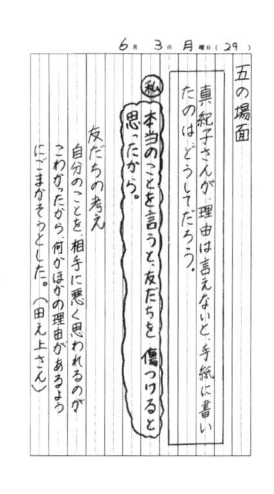

作文用紙に慣れさせよう（p39参照）

作文用紙の使い方は低学年からしっかり指導し，正しく使えるようにしよう。お手本をノートに貼り付けて，迷った時に参考にさせると間違いは少なくなる。

読書ノートを作ろう

自分の読んだ本を記録する読書カードをノートの後ろに貼り付けよう。学校で取り組めるなら6年間使える読書ノートを用意して使わせよう。

読書ノート

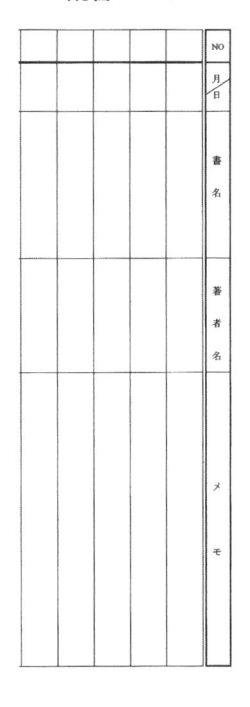

本や辞書のページ数をメモさせよう

本や辞書で調べたことをノートに写したら，本や辞書の名前とページ数を書き込ませる。

後で確認したり，漢字など他の使い方を調べたりする時に役立つ。

辞書の名前は記号化すると簡単である。

広←広辞苑　カ←カタカナ辞典。

国語のノート指導　1年
「字は，マス目に当たるぐらいの大きさで書きなさい」

マス目を意識して練習すると，めりはりのついたいい字になる。

[手順]

① お手本は，十字リーダー入りのものを用意する。

② 黒板には十字リーダー入りの1マスのマグネットボードを貼り，マス目に当たらないようにお手本の平仮名を書く。

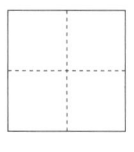

十字リーダー

③ 別のマグネットボードに，悪い見本として，とても小さい字を書いてみせる。「これは悪い見本です。マス目に当たるぐらい大きく書こうね」と説明する。

　　よい　れい　　　　　　　　悪い　れい

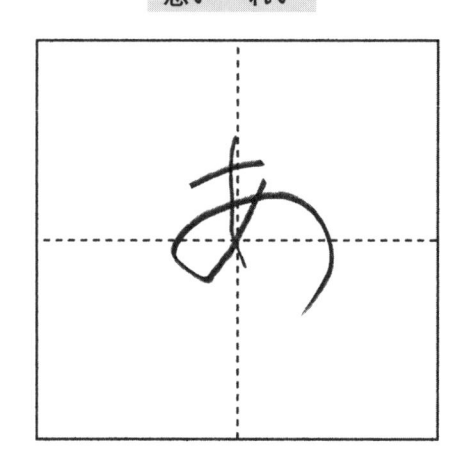

　特に字が小さい子どもに対して，"マス目に当たるぐらい"を強調する。お手本の字はマス目に当たっているわけではないので，バランスよく書いている子には強調する必要はない。

　マス目をはみ出る字ももちろん理想的ではないが，小さい字を書く習慣を身に付けさせたくないので，悪い例として強調しない。

第2章 国語のノート指導

●ノート例1　ひらがなの練習

1行目にお手本を書く

小さく書く子には、「マス目に当たるように書こう」と声をかける

（4がつ14にち　かようび）

※マスノート　十字リーダー入り　1行6マス

●ノート例2　4つのドット入りのマス

なかなかバランスをとれない子のノートには、4つのドットを書き加える

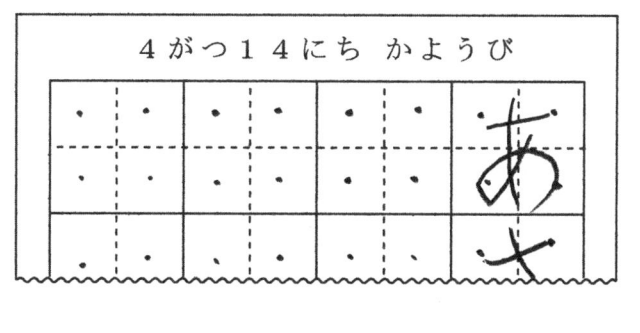

（4がつ14にち　かようび）

31

国語のノート指導　2年
一文を短く書く習慣を身に付けさせよう

短い一文は書きやすくて読みやすい。

手順

① 例として長い一文と短い一文を黒板に書いて，違いを考えさせる。

「同じことを，1つにまとめて書いた文と，短く分けて書いた文だと思います。」

「短い文のほうが読みやすいです。」

② 短い文を視写させる。

（右の板書例）

雨がふってきて、空が黒くなってきたので、ぼくとお父さんは、魚つりをやめて帰りました。

・雨がふってきました。
・空が黒くなってきました。
・それで、ぼくとお父さんは、魚つりをやめて帰りました。

（ノート例）
① きょうは、あつい。
② くもが、きれい。
③ あすは、やすみです。
④ あめは、あまい。
⑤ 犬が、ほえた。
⑥ カレーが、すきです。

マスノート　十字リーダー入り　1行12マス

③ 短い文をたくさん書かせる。

10の短文を書く練習をしたり，制限時間内にいくつの短文を書けるか練習する。会話形式の作文なども練習する。

第2章 国語のノート指導

● ノート例1
短い文の後半を書いてみる。

> ここまで書いてある

① 大きいねこが、(道をよこぎったよ。)
② 雨が、(ふってきたよ。)
③ ぼくは、(かぜをひいたので、学校を休んだ。)

● ノート例2
ひとり会話作文を書いてみる。

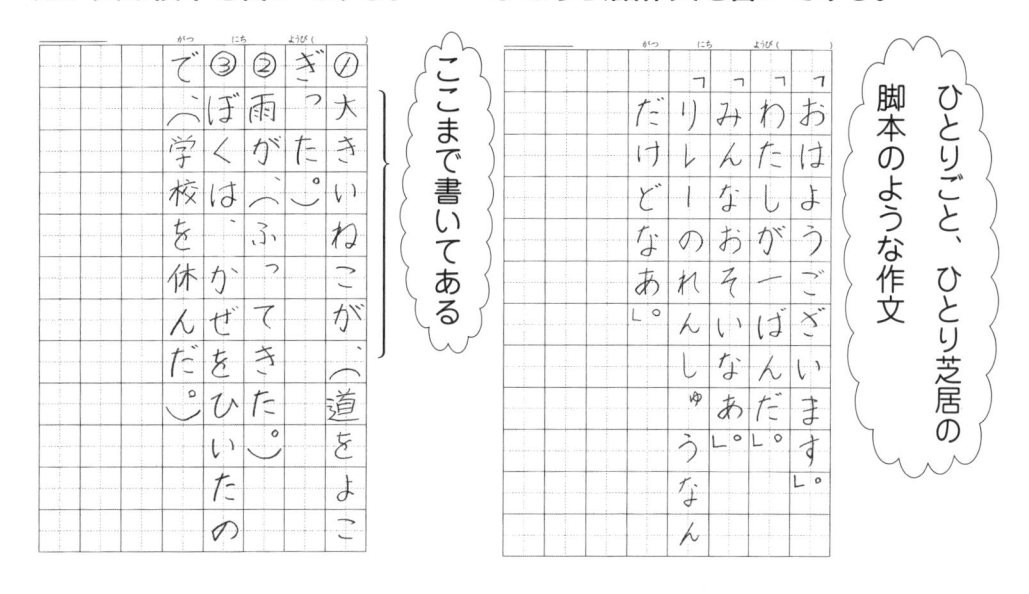

> ひとりごと、ひとり芝居の脚本のような作文

「おはようございます。」
「わたしが一ばんなんだよ。」
「みんなおそいなあ。」
「リレーのれんしゅうなんだけどなあ。」

● ノート例3
2人で、会話作文を書いてみる。

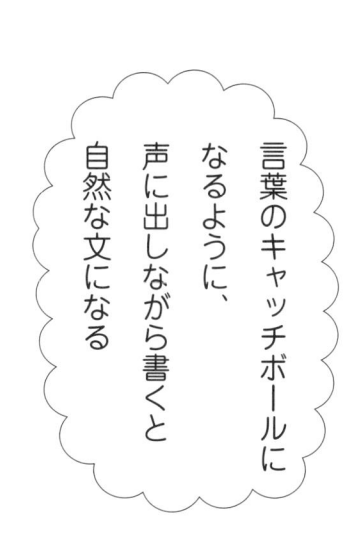

> 言葉のキャッチボールになるように、声に出しながら書くと自然な文になる

二人作文　ゆうきこ・ひろむ

ひゆひゆ

「ねこだ。」
「おいかけよう。」
「こうえんに入った。」
「あっ、水をのんでるよ。」

33

国語のノート指導　3 年

読んで自分の考えを書き込もう

　自分の考えを文章に書き込み，友だちとの意見の交流を活発に行えるようにしたい。

手順

① 　教材を印刷する。

　　授業を終えた後，ノートに貼るのでプリントの大きさを調整する。

② 　教材を配付する。

③ 　「文章を読んで，思ったことや考えたことを，文章の右側に鉛筆で直接書き込みましょう。感動したこと，発見したこと，疑問に思ったこと，辞書で調べても意味がよくわからなかった言葉など，何でも思ったままに書いてください。」

　　この方法で何回か授業を行う場合は，次ページのように記号を決めると時間の短縮になるだけでなく書き込んだ後で読みやすい。

④ 　言葉の意味がわからない時は，辞書で調べながら読ませる。

⑤ 　黒板，OHP，電子黒板などを使い教材文と子どもたちの書き込みをまとめる。子どもたちが直接書き込む方法もある。

⑥ 　書き込まれたものを，最初から順番に見ていく。読むだけのものもある。疑問が書き込まれているものについては話し合いで解決したり，疑問点を整理したりする。

⑦ 　学習後にプリントをノートに貼る。

第2章　国語のノート指導

とてもいいと思った表現 ☆

「たんぽぽのねっこを　コーヒーにして飲むぞ！」
　　　ごぼうのようなもの　どんな味かな
と土手を歩きながらせんげんして、コーヒーすら飲んだことの
　　　　　　　　　　　　　　　　　にがかった
ないぼくたちに、たんぽぽコーヒーづくりというすごい体験を
　　　　　　　　　　　　　　　　　　　　　　楽しそう ㋕
させたり、
「北海道の小学生に手紙を書くよ！」
　　　　　 ❓どこかな
と、知り合いがいるわけでもないのに礼文島の二年生に手紙を
書いて送りつけたりしてきた。
　　　勝手に送ったんだ

わかりやすい別の表現に書きかえる

㋕　自分の感想、思ったこと、考えたこと

❓　意味のわからない言葉や文章

国語のノート指導　4年

作文のためのイメージマップ入門

連想でたくさんの情報を整理させる。

[手順]

① 中心に作文のテーマに当たる言葉を書く。（例　一輪車）

② 中心の言葉から線を引いて，テーマから連想する言葉のなかから見出しになりそうな言葉を書く。言葉は線に沿って書く。（例　初めての練習，買ってもらった，市の大会，妹に教えたこと）

③ 見出しになりそうな言葉から線を引いて，連想する言葉を1本の線に1つ書く。

④ 完成したイメージマップをもとに，作文の構想を立てる。

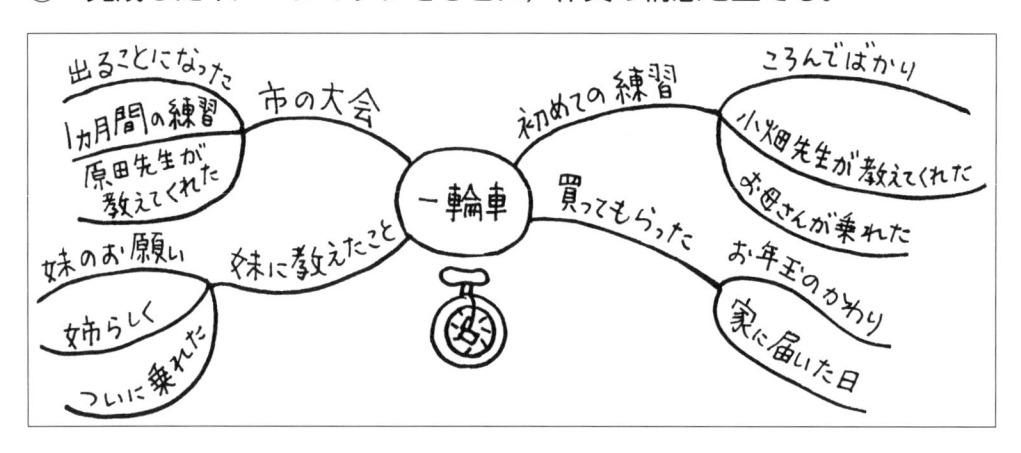

イメージマップを書くことで，自分の知識や経験を一枚の紙に整理することができる。また，自分の考えを深めたり，新しい発想が生まれるきっかけになることも期待できる。

見出しごとにまとめることで知識や経験を整理することができる。また忘れていたことを思い出すこともある。

こうして完成したイメージマップは作文メモとして役に立つ。

●ノート例　作文のためのイメージマップ

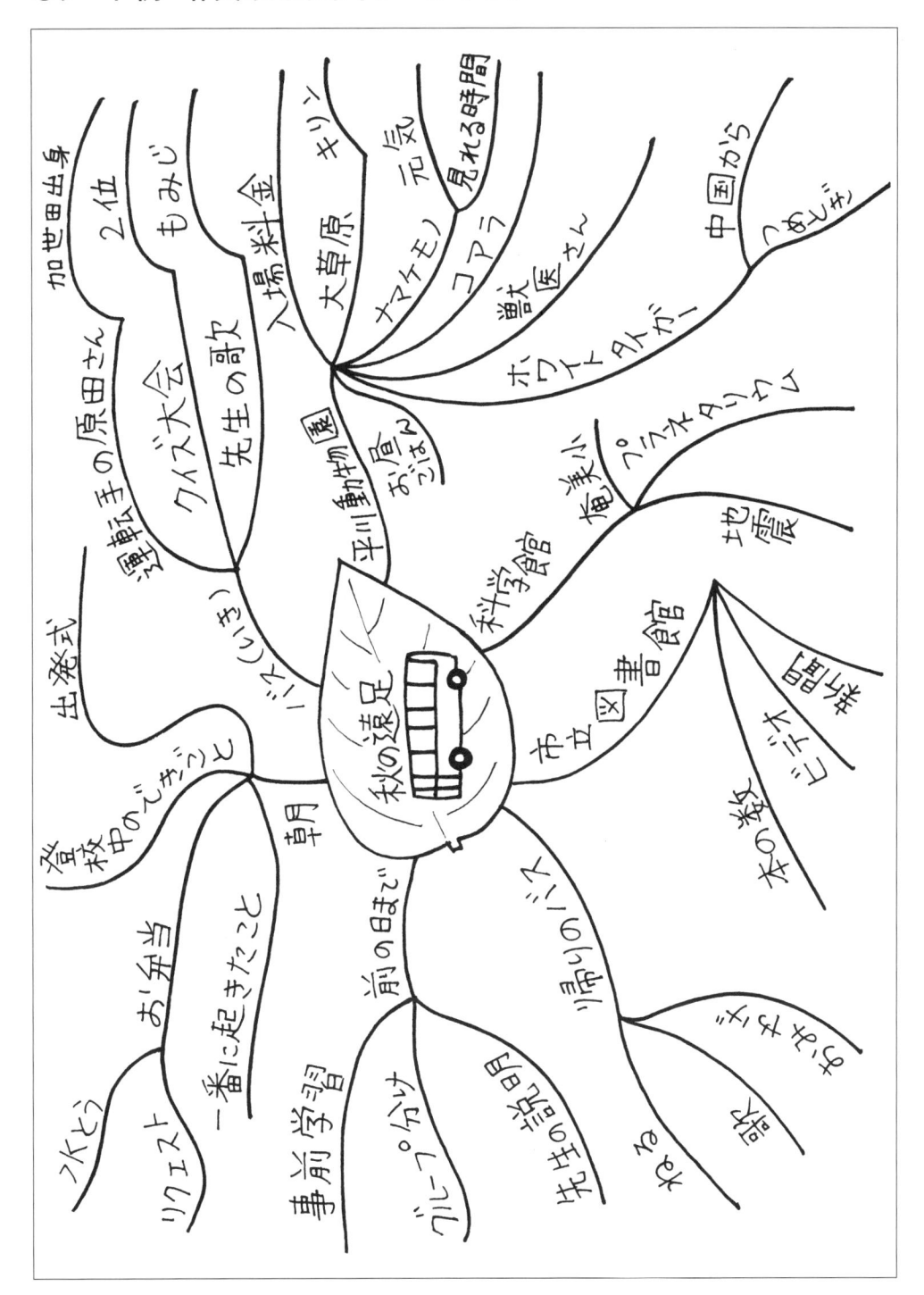

参考文献
トニー・ブザン,バリー・ブザン著,神田昌典訳『ザ・マインドマップ』ダイヤモンド社
井上光広指導『小学生のためのマインドマップで作文すらすらワーク』小学館

国語のノート指導　5年
原稿用紙に慣れさせよう

　原稿用紙をいろいろな機会に使わせ，作文に対する抵抗感を少なくしよう。

手順

① ノートに貼り付けられる大きさの200文字の原稿用紙を作成する。

　詩や標語などは，これに書かせ，書き終わったらノートに貼らせる。

② 原稿用紙の書き方は，手本を配り国語ノートに貼らせる。

　わからなくなったらいつでも手本を見ていいことにしておく。

③ 作文を週2回宿題に出す。使うのは200文字の原稿用紙で1回あたり1ページ以上とする。

　題に1行，名前に1行，残りが作文なので実質160字作文である。

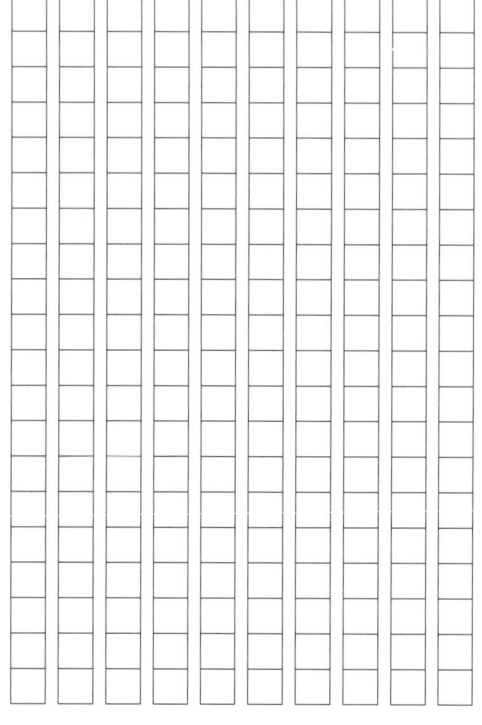

200字原稿用紙

　2回のうち1回は日記，もう1回は，童話，小説，読書感想文，テレビ感想文，詩，授業感想文から選んで書くよう指示する。

　漫才の台本，劇の脚本，連続小説など新しい提案があれば検討し，たいていは許可する。

　それなりの題材でないと書けない量なので，読みがいのある内容が多くなる。

◆ 原稿用紙の使い方 ◆

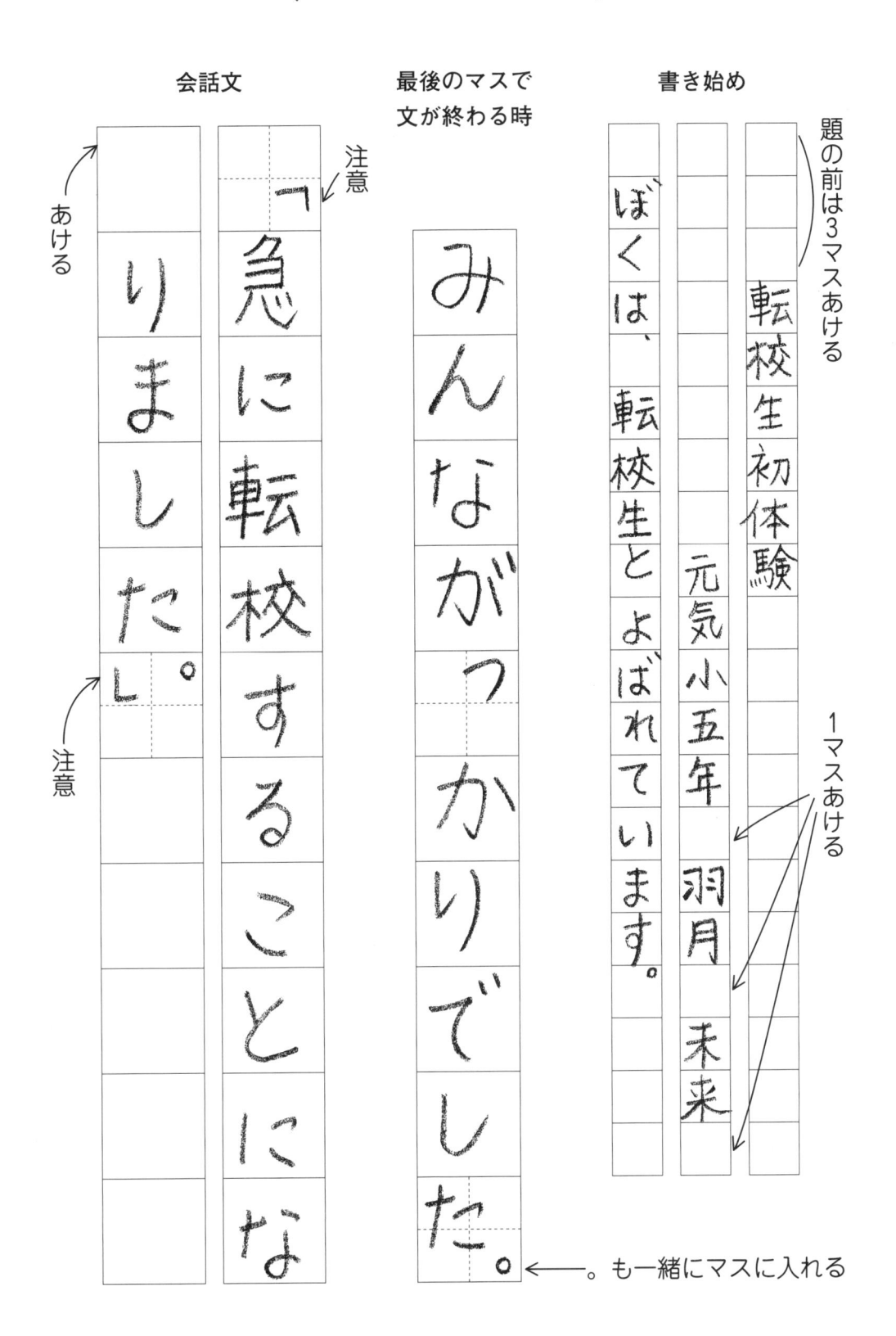

書き始め
- 題の前は3マスあける
- 転校生初体験
- 元気 小五年 羽月 未来
- 1マスあける

ぼくは、転校生とよばれています。

最後のマスで文が終わる時

みんながつかりでした。

← 。も一緒にマスに入れる

会話文
- あける
- 「急に転校することにな
- りました。」
- 注意
- 注意

国語のノート指導 6年

漢字をグルーピングしよう

漢字のグルーピングは情報を整理し，記憶定着に役立つ。

グルーピングとは，一定の条件で素材をグループ分けする作業。仲間分けのことである。

学習している単元の新出漢字と，これまでに学習している漢字を，いろいろな条件を見つけてグルーピングすることで，同じ条件の漢字を関連づけて記憶しやすくなる効果が期待できる。

条件は，部首，画数，音，訓などが考えられるが，初めのうちは何でもいいので関連づけられるものを見つければいいことにする。

[手順]

① 国語ノートの新しいページを広げる。
② 学習している単元の新出漢字を，横一列に書き出す。
③ 教科書後ろの既習漢字がまとめてあるページや漢字辞典を見ながら，1年生から今までに学習している漢字を，②で書き出した新出漢字とグルーピングする。さんずいなどのように，多すぎるものもあるので最高で何個と限定する。

源	晩	盛	片	痛	勤	危	疑	担	腹	視
海浅洗油流清	暗晴曜時暖	皿益	版	病	助効動勧	印卵		打招技指	服	礼社祝神祖
さんずい	ひへん	さら	かたへん	やまいだれ	ちから	ふしづくり	ひき	てへん	つきへん	しめすへん

第2章　国語のノート指導

● 小学校で学習する漢字

1年　一右雨円王音下火花貝学気九休玉金空月犬見五口校左三山子四糸字耳七車手十出女小上森人水正生青夕石赤千川先早草足村大男竹中虫町天田土二日入年白八百文木本名目立力林六

2年　引羽雲園遠何科夏家歌画回会海絵外角楽活間丸岩顔汽記帰弓牛魚京強教近兄形計元言原戸古午後語工公広交光考行高黄合谷国黒今才細作算止市矢姉思紙寺自時室社弱首秋週春書少場色食心新親図数西声星晴切雪船線前組走多太体台地池知茶昼長鳥朝直通弟店点電刀冬当東答頭同道読内南肉馬売買麦半番父風分聞米歩母方北毎妹万明鳴毛門夜野友用曜来里理話

3年　悪安暗医委意育員院飲運泳駅央横屋温化荷界開階寒感漢館岸起期客究急級宮球去橋業曲局銀区苦具君係軽血決研県庫湖向幸港号根祭皿仕死使始指歯詩次事持式実写者主守取酒受州拾終習集住重宿所暑助昭消商章勝乗植申身神柱真深進世整昔全相送想息速族他打対待代第題炭短談着注柱丁反帳調追定庭笛鉄転都度投豆島湯登等動童農波配倍箱畑発反坂板皮悲美鼻筆氷表秒病品負部服福物平返勉放味命面問役薬由油有遊予羊洋葉陽様落流旅両緑礼列練路和

4年　愛案以衣位囲胃印英栄塩億加果貨課芽改械害街各覚完官管関観願希季紀喜旗器機議求泣救給挙漁共協鏡競極訓軍郡径型景芸欠結建健験固功好候航康告差菜最材昨札刷殺察参産散残士氏史司試児治辞失借種周祝順初松笑唱焼象照賞臣信成省清静席積折節説浅戦選然争倉巣束側続卒孫帯隊達単置仲貯兆腸低底停的典伝徒努灯堂働特得毒熱念敗梅博飯飛費必票標不夫付府副粉兵別辺変便包法望牧末満未脈民無約勇要養浴利陸良料量輪類令冷例歴連老労録

5年　圧移因永営衛易益液演応往桜恩可仮価河過賀快解格確額刊幹慣眼基寄規技義逆久旧居許境均禁句群経潔件券険検限現減故個護効厚耕鉱構興講混査再災妻採際在財罪雑酸情賛支志枝師資飼示似識質舎謝授修述術準序招承証条状常情織職制性政勢精製税責績接設舌絶銭祖素総造像増則測属率損退貸態団断築張提程適敵統銅導徳独任燃能破犯判版比肥輸非備俵評貧布婦富武復複仏編弁保墓報豊防貿暴務夢迷綿輸余預容略留領

6年　異遺域宇映延沿我灰拡革閣割株干巻看簡危机揮貴疑吸供胸郷勤筋系敬警劇激穴絹権憲源厳己呼誤后孝紅降鋼刻穀骨困砂座済裁策冊蚕至私姿視詞誌磁射捨尺若樹収宗就衆従縦縮熟純処署諸除将傷障城蒸針仁垂推寸盛聖誠宣専泉洗染善奏窓創装層操蔵臓存尊宅担探誕段暖値宙忠著庁頂潮賃痛展討党糖届難乳認納脳派拝背肺俳班晩否批秘腹奮並陛閉片補暮宝訪亡忘棒枚幕密盟模訳郵優幼欲翌乱卵覧裏律臨朗論

第3章

社会科のノート指導

基本の書き方

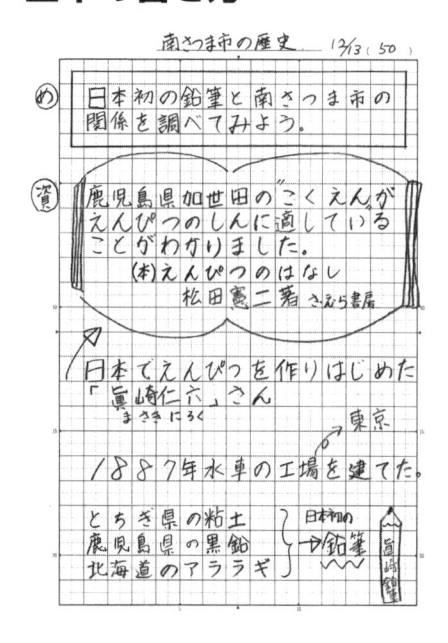

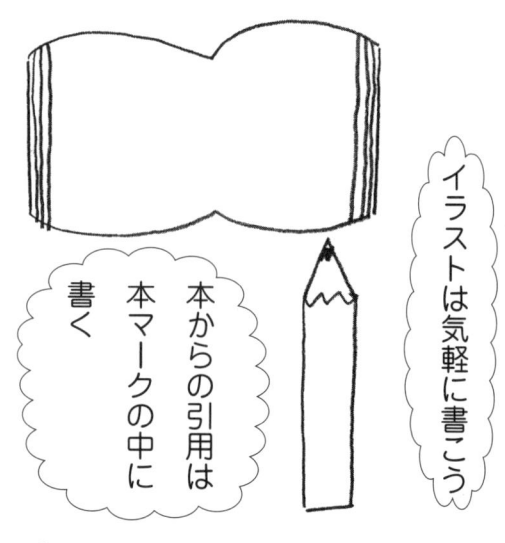

※ め 学習のめあて, 資 資料からの引用

図解ノートをめざそう

　見て内容を把握しやすいノートは，理解しやすいし記憶するのにも役に立つノートである。

　教科書に掲載されている表で大切だと思うものは，簡略化してノートに書き写す。教科書に掲載されている写真のなかで大切だと思うものは，イラスト化してノートに書き写す。

　図解の読み取り方・作り方のノウハウを子どもたちに具体的な事例を通して指導し，物事を考える時の大切な手段として活用できるようにしたい。

　社会科で指導したい主な図解は，地図でまとめる説明入り地図，全体を把握しやすいイメージマップ，比較する思考をすすめる比較表，2つの基準で対象を見るマトリクス図などである。

　これらは他教科・他領域でも役立つ図解法である。

変化にこだわるノートにしよう

　何がどうして変わったのかがわかると記憶しやすくなる。

　例えば，漁業の生産量が減った理由を学ぶことで，日本の水産業の課題を理解することができるし記憶にも残りやすくなる。

　歴史の学習でも，中心都市や文化など様々な変化を項目別に歴史年表にまとめることで，日本の歴史を理解し記憶しやすくなる。

違いにこだわるノートにしよう

　変化を理解することが大切なのと同様に，違いを理解することも社会科の学習では大切である。

　例えば，尊王と攘夷は何が違うのか，賞味期限と消費期限は何が違うのか。遠洋漁業と沖合漁業では何が違うのか。

　違いを理解することは，物事を理解するのに役立つと同時に記憶しやすくもなるのである。

　そのための手だてとして，対比表やマトリクス図を活用したい。

　また，微妙な違いや混同しやすいことを問題にしたクイズを解いたり，自分でクイズを作ったりすることで違いを理解し記憶しやすくしよう。

事典ノートをめざそう

　あれっと思った時に見直したくなる調べやすいノートにしよう。

　難しい用語の説明をしっかり記録し，事典ノートをめざそう。

情報源を明示しよう

　本で調べた場合は，書名・著者名・出版社名・ページ数を記録しよう。

　人から聞いたことは，誰から聞いたか名前を記録しよう。

　インターネットの場合は，サイト名を記録しよう。

社会科のノート指導　3年

クイズを作ろう

　クイズを作ると似ているものの微妙な違いに気が付くようになる。

[手順]

　ノートの右側5cmのところを解答用に残して縦線を引き，左に問題，右に答えを書かせる。

① 穴埋めクイズは作りやすい。

パンジーストアで販売しているにんにくの多くは，(　　　　)から仕入れています。　　　　　　　　　　　　　　　　　　　答え　中国

　重要語句や学習のまとめの文を使って穴埋めクイズを作る。

② ○×クイズでは，微妙な文章を書くのがコツ。

食品を，安心しておいしく食べることのできる期限のことを消費期限という。

　正解は×。消費期限ではなく賞味期限。

　回答者を迷わせることができたらいい問題である。

③ 3択クイズは，選択肢を考えるのが勉強になる。

「千歯こき」は，何をする時に使う道具でしょうか？
①歯みがき　②いねからもみをとる　③田を耕す　　　　正解　②

　選択肢のうち2つは迷いそうなもので，1つは明らかに違うものにする。

　または，3つとも迷いそうな問題にするなどのパターンも教える。

◆ クイズを作ろう ◆

学習したことをもとに，クイズを作ってみよう。

① 新しいページの上部枠外に，例えば「調べよう 物をつくる仕事」と少し大きな文字で単元名を書く。

② ノートの右から5cmを解答欄にするので縦線を引く。

③ 穴埋めクイズ2問，○×クイズ2問，3択クイズ1問を作る。

教科書・ノートなどから，大切な情報を見つけて左に問題を作ろう。

(例) 調べよう 物をつくる仕事 クイズ

　　　　　　　　　　　　　　　　　　5cm

1　穴埋めクイズ	解答
①稚魚を海や川に放して自然の中で育てる漁業を（　　）という。	・栽培漁業
2　○×クイズ	
①　海のエコラベルは，シー・エコライフ・ジャパンである。	× （マリン・エコラベル・ジャパン）
3　3択クイズ	
日本の食料自給率が一番高いのはどれ？ 　①米　②小麦　③大豆	①米 （米の自給率は94％）

社会科のノート指導　4年

情報を対比表やマトリクス図で整理する

　縦軸と横軸に項目を設定し，情報を整理することで情報を見直したり新しい発想につなげていく。

手順

① 　2つの対になる条件で対比表を作る練習をする。

ごみの出し方の「いいね！」と「悪いね！」

いいね！	悪いね！
・生ごみは，水をよくきって出す。 　（軽くなる，燃やしやすい）	・生ゴミは，水分が多いまま出す。 　（重くなる，燃やしにくい）

② 　マトリクス図で整理する。

運転手の問題

	信号を守る スピードを守る	飲酒運転 いねむり運転	
事故が減る			事故が増える
	横断歩道で手を挙げる 信号を守る 歩道を歩く	よそ見歩き 飛び出し	

自分たちの問題

第3章 社会科のノート指導

対比表を書いてみよう

対比表は、2つの条件に当てはまるものを書き込んでいく表だよ。
違いがわかると理解しやすいよ。
理由がわかる時は（　）に書いてね。

　　例　テーマ　自転車事故をおこさないためにすること

いいね！	悪いね！
・1人で乗る（運転しやすい）	・2人乗りをする（ぐらぐらして運転しにくい）

マトリクス図を書いてみよう

2つの基準で物事を整理することで、全体を理解する表だよ。
　例　火事と私

　　　　　　　　　　火事がおきやすい

　　　　　・火遊びをする　　　・外灯が少ない
　　　　　・部屋をちらかす　　・燃える物を外に置く
自分　────────────────────────　社会
　　　　　・いらない電気はコンセ　・巡回する
　　　　　　ントから抜く。　　　・防火水槽を作る
　　　　　・花火の後始末をする。

　　　　　　　　　　火事がおきにくい

社会科のノート指導　5年

日本地図を書けるようになろう

　何も見ないで書く日本地図の精度が上がると社会科の力がつきやすい。

|手順|

① 日本地図をノートに書かせてみる。

② 日本地図を地図帳で見つけて，自分の書いた日本地図と比べてみる。似ているところと，似ていないところを言葉でまとめる。

③ 次ページの日本地図ワークをコピーし，それを使った日本地図の書き方を教える。

④ 右のように練習させる。

日本地図ワークで書く日本地図

⑤ 日本の地名が登場する時に，ノートに日本地図を書かせ，地図に学習している地名などを書き込ませる。

◆ 日本地図ワーク ◆

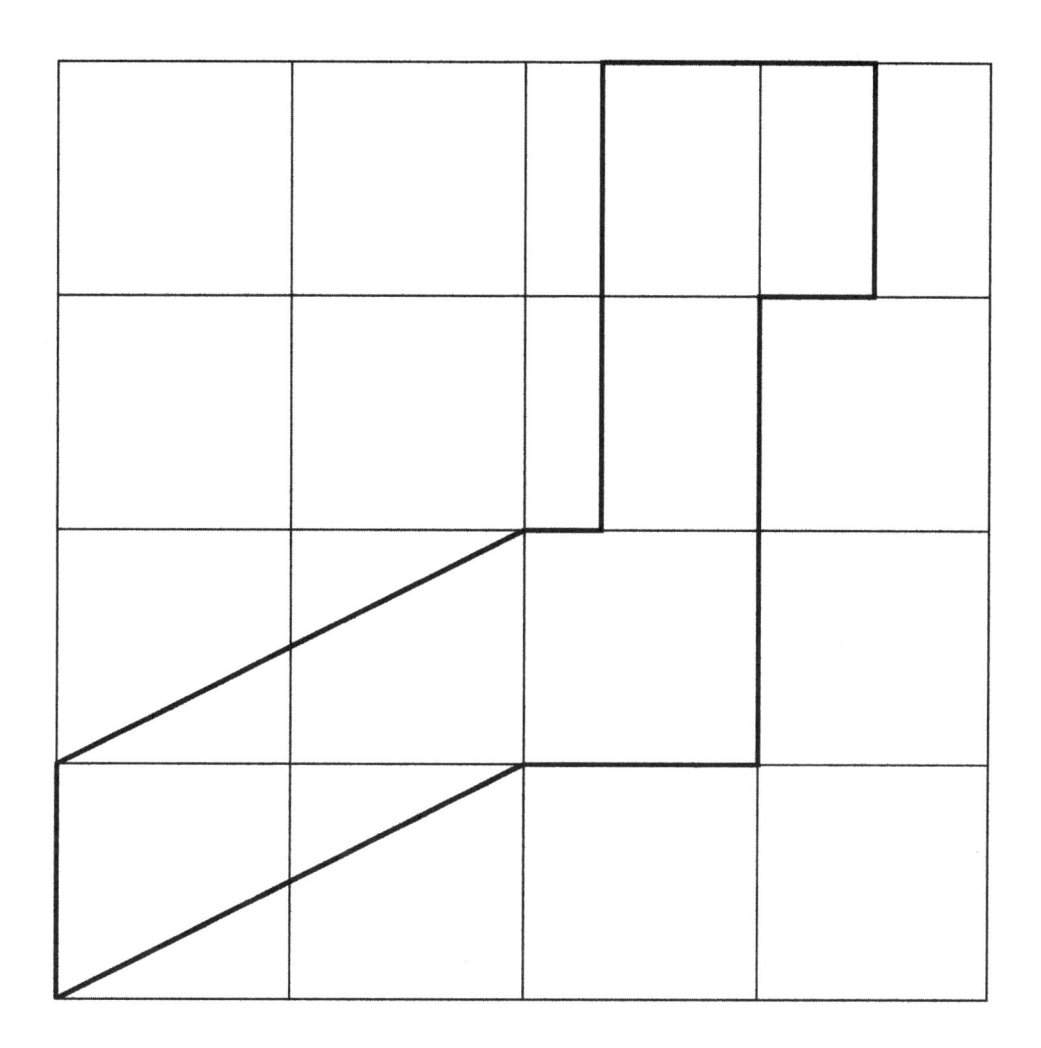

① 太線の中に北海道・本州・四国・九州が入るように書いてみよう。最初は思いっきりだいたんに書いてみよう。
② 前ページのように大まかに書けるようになったら，琵琶湖，沖縄本島，奄美大島などを書き加えていこう。
③ ノートに日本地図ワークと同じ枠を書くところから練習してみよう。

社会科のノート指導　6年

ジャンル別年表で整理しよう

　都，建築物，絵などジャンル別の年表を作ると理解しやすいし記憶もしやすい。

手順

① 歴史の学習を始めて，1ヵ月したころに，ジャンル別年表の書き方を説明する。

　都の場所と時代を始めた人，政治，文化（建物，絵画，文学など），外国との関係（日本の歴史に登場する外国人，戦争），歴史に登場する女性，郷土との関係の6つの項目別年表をノートに作ることと，その書き方を見本をもとに説明する。

② すでに学習した部分については，数人のグループで一項目を担当し，教科書，資料集，図書室にある資料，参考書，ノートなどを参考に年表を仕上げる。

　年表には時代，年号，ことがら，教科書のページを書く。後から教科書で調べる時のために教科書のページは必ず書く。

③ グループごとに仕上げた年表を教師が確認し修正したものを全体に紹介する。それぞれ紹介されたものをもとに自分のノート年表に書き写す。

④ 人物や建物など，教科書の写真をもとにイラスト化して書き入れるとわかりやすい。

⑤ 年表は，時々宿題に出すなどして書き足していく。

⑥ 1ページで足りなくなったら，下に紙を継ぎ足して書く。

◆ ジャンル別年表を作ろう ◆

例　歴史に登場する女性年表

歴史に登場する女性 年表

時代	年号	名前	有名な理由	数
	3世紀?	卑弥呼	邪馬台国の女王	23
平安	不明	紫式部	『源氏物語』	40
	不明	清少納言	『枕草子』	42
	不明	平清盛の娘たち	天皇や皇太子のきさきになり、父清盛は政治の実権をにぎった。	43
	1157-1225	北条政子	頼朝の死後、北条氏と政治を行った。	51
明治	1864-1929	津田梅子	留学後、女子教育につくした	100
	1872-1896	樋口一葉	『たけくらべ』『にごりえ』	114
	1878-1942	与謝野晶子	戦争に行った弟のことを心配して、『君死にたまふことなかれ』を書いた。	112
	1886-1971	平塚らいてう	女性の地位向上のために運動をした。	117
昭和	1964	女バレーボールチーム	東京オリンピックで優勝	137
平成	2011	サッカー女子日本代表チーム（澤ほまれキャプテン）	ワールドカップで優勝	

第4章

算数のノート指導

基本の書き方

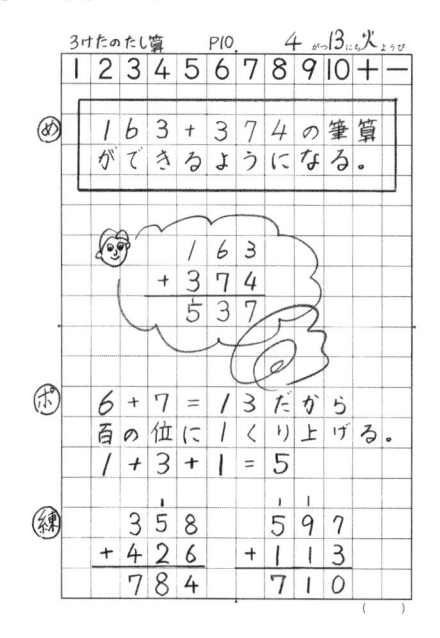

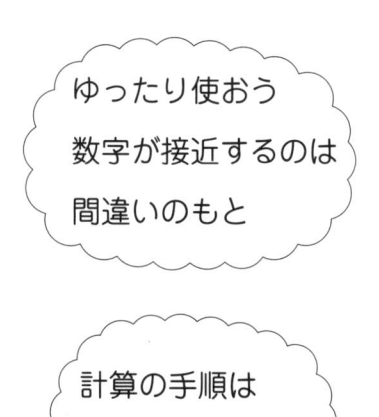

> ゆったり使おう
> 数字が接近するのは
> 間違いのもと

> 計算の手順は
> 言葉でまとめよう

言葉での説明にこだわろう

　計算の手順はノートに言葉で整理しよう。計算の仕方がわからなくなった時，ノートをめくって確認できるようにしたい。
　大切な言葉は，国語の漢字指導のように正確に書けるまで指導しよう。
　意味も正しく説明できるように練習させよう。

図は一貫して使え，ノートに書けるものを指導しよう

　1年生から6年生まで一貫して使えるタイル図や，整数・小数・分数の乗除の学習で使えるかけわり図などを指導しよう。
　図は，ノートに簡単に書くことができて，立式の判断が簡単にできる単純なものが役に立つ。

授業ノートとドリルノートを使い分ける

　授業ノートと計算練習に使うドリルノートは使い分けると，大事なことが書いてある授業ノートを長く使えて便利である。

計算練習のノートは2分割しよう

　計算練習に使うノートは，中央に縦線を入れて2分割すると使いやすい。

補助数字の書き方を統一しよう

（p64，65参照）

　計算の補助数字を学校全体で統一すると指導の一貫性が保たれる。3学期末と4月初めに全職員で確認したい。

間違った理由を書く

　問題を解いて間違っていた時，正答を書いて終わるだけでは学力は伸びない。間違った理由をはっきりさせることが大切である。

　間違った理由を調べて，言葉で書いてノートに記録を残すことが次の正解につながる。

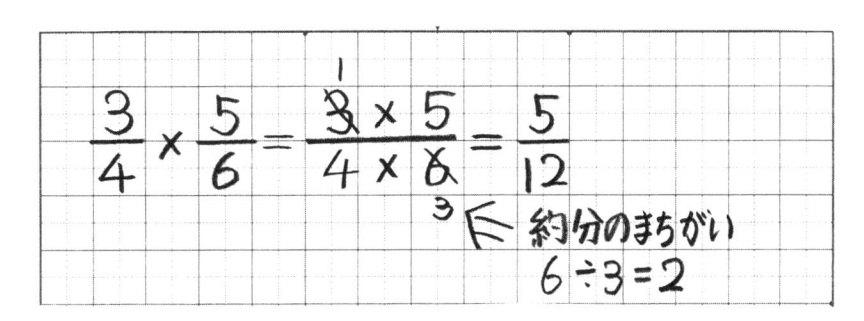

算数のノート指導　1年

計算手順を言葉で書こう

計算手順を正確に言えるように何度でも練習させよう。

手順

① 基本的な計算手順を，言葉でていねいにノートに整理する。

例　くり上がりのある足し算

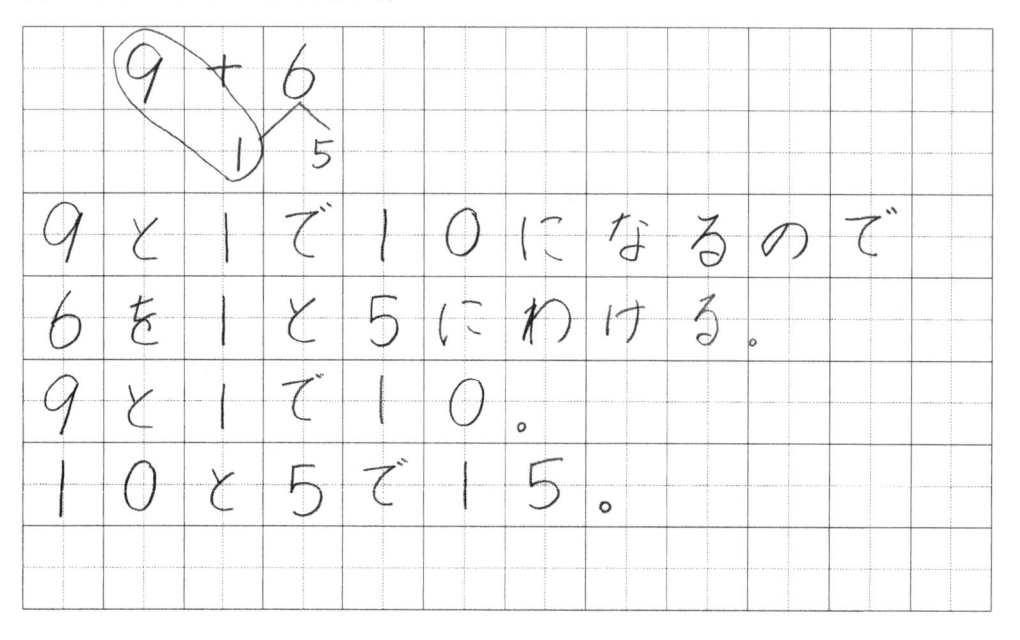

```
 9＋6
  / \
  1  5

9と1で10になるので
6を1と5にわける。
9と1で10。
10と5で15。
```

② 同じ計算方法で答えが求められる別の計算の手順をノートに書く。

③ 言葉で説明する練習をプリントやノートを使って時々行う。

計算の種類別に言葉で説明する練習をする。

1年生のたし算の場合は次の4種類の練習をする。

・1位数＋1位数　くり上がりなし

・1位数＋1位数　くり上がりあり

・2位数＋1位数　1位数＋2位数　くり上がりなし

・2位数＋2位数　30＋20，50＋10のような簡単な計算

第4章　算数のノート指導

●2位数＋1位数　くり上がりなしの計算手順

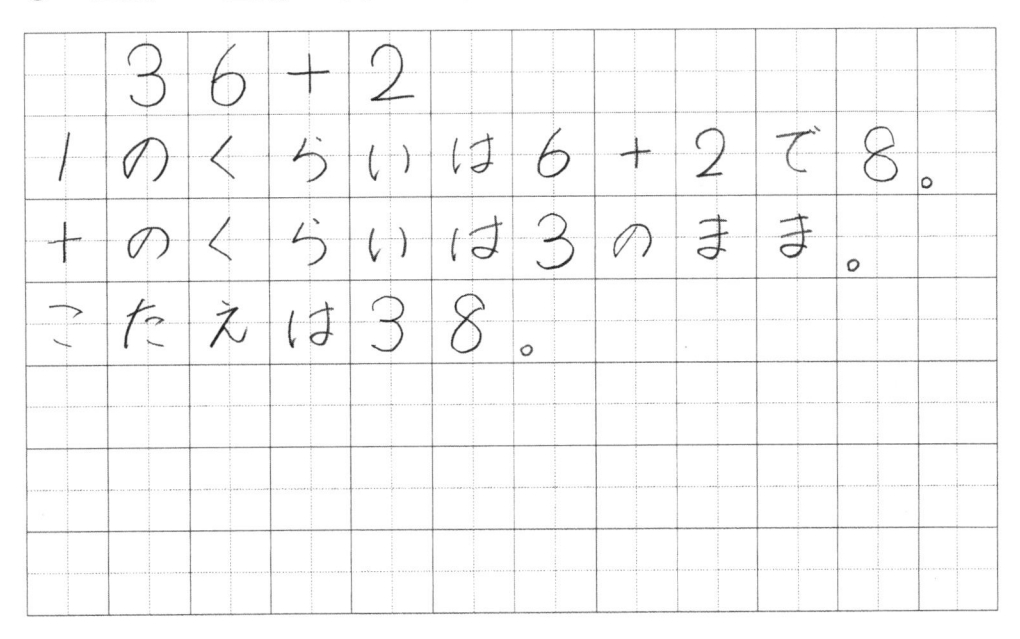

```
3 6 ＋ 2
1のくらいは6＋2で8。
十のくらいは3のまま。
こたえは38。
```

●筆算で指導する場合

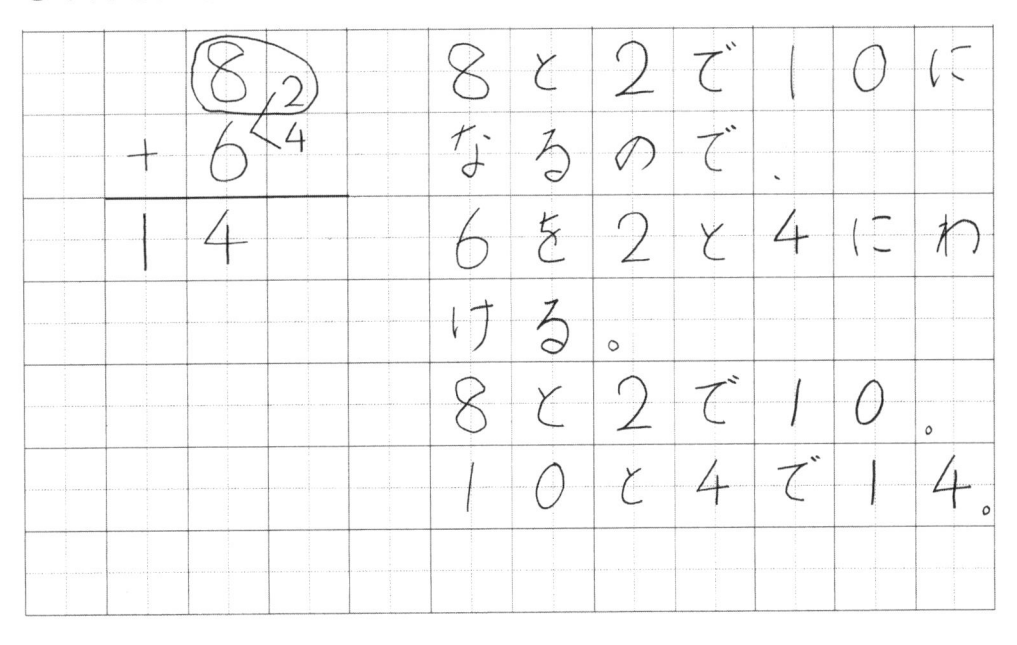

```
    ⑧ 2
  ＋ 6 4
  ─────
    1 4
```

8と2で10に
なるので、
6を2と4にわ
ける。
8と2で10。
10と4で14。

算数のノート指導　2年

一貫して使える図解の方法を教えよう

図解は算数が苦手な子どもの強い見方になる。

例えば，かけざん九九指導の場合，かけわり図で表すことで九九の仕組みを理解し，九九を忘れた時も答えが出せるようになる。

手順

例　2の段「かきが　1さらに　2こずつ　のっています。3さら分では
　　かきは　何こ　あるでしょうか」

① 具体物を操作させる。

② 具体物の絵を書く。

③ 具体物からタイル図に移行する。

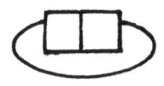

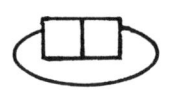

④ タイル図からかけわり図に移行する。

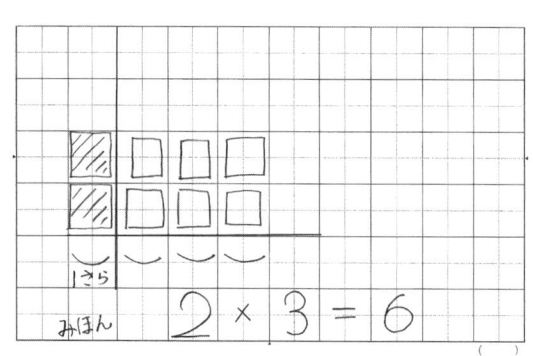

第4章　算数のノート指導

●かけわり図の書き方

あめを1人に4こあげることにしました。子どもが7人だと，あめはぜんぶで何こになるでしょうか。

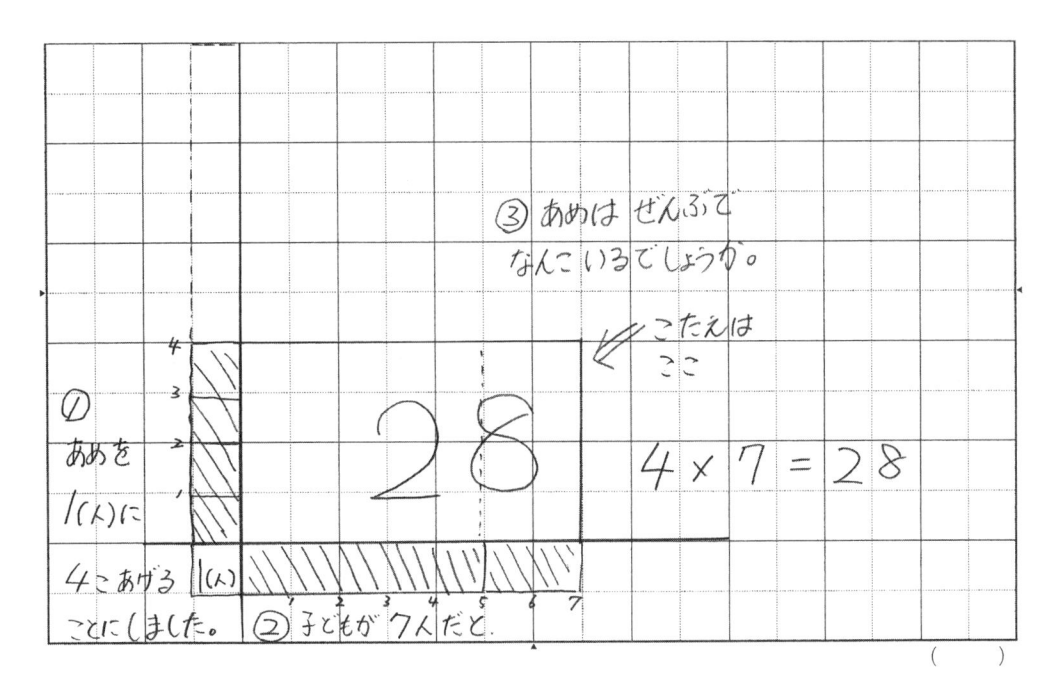

①あめを1(人)に4こあげることにしました。
②子どもが7人だと，
③あめはぜんぶでなんこいるでしょうか。

28　　4×7＝28

← こたえはここ

●かけわり九九表

（　）×（　）

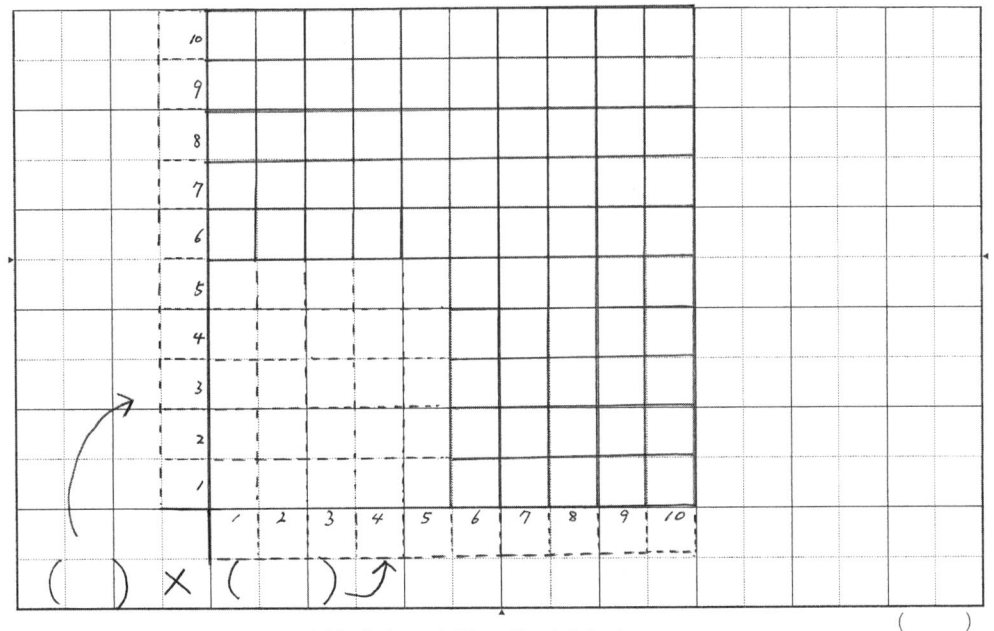

※かけわり図は，数学教育協議会の実践に学びました。

算数のノート指導　3年

位をそろえることを徹底する

位がそろわないと計算が成り立たない。

手順

① 5mm方眼の場合は，罫線を意識して書かせる。

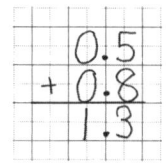

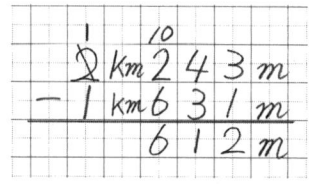

どうしてもずれる場合は，ペンで縦罫線をなぞらせる。

② 横罫線の場合は，最初は縦罫線を書き加えマス目にして計算させる。

横罫線の場合は，ノートを横にして使わせる方法もある。

第4章　算数のノート指導

●縦がなかなかそろわない子のためのトレーニング用紙

これはたし算とひき算のトレーニング用紙。

「一マスに一文字書こう」「位をそろえて書こう」と助言する。

(使用例)

```
  1 1 1
  3 0 7 6
+ 4 9 5 8
─────────
  8 0 3 4
```

A5サイズの紙に印刷して使う

●ページ内も整然と見えるように縦横そろえよう

算数のノート指導　4 年

分数は折り紙を使って表現しよう

　分数は正方形を1とする広さで表すと理解しやすい。身近な折り紙で表現してタイル図で書けるようにしよう。

手順

① 液体と1Lマスを使って分数の意味を指導する。

② 直方体水槽の一面を色紙で表現し，分数と色紙を関連づける。

③ 小さい折り紙一枚を使って真分数や帯分数などいろいろな分数を表現する方法を教える。

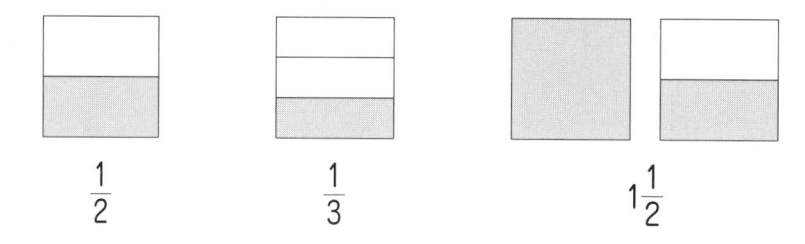

$\frac{1}{2}$　　$\frac{1}{3}$　　$1\frac{1}{2}$

④ ノートに折り紙を貼り，分数で表す。

⑤ 同じ大きさの分数を折り紙で表現する。

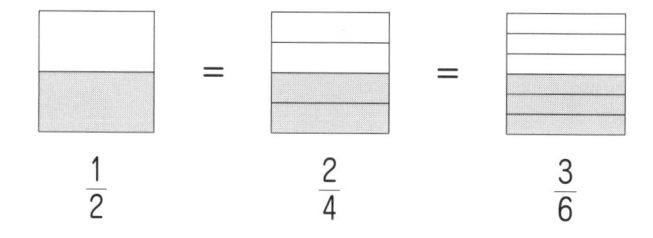

$\frac{1}{2}$ = $\frac{2}{4}$ = $\frac{3}{6}$

⑥ 分数のたし算とひき算も折り紙で表現してからタイル図で書く。

⑦ フリーハンドで書けるように練習させる。

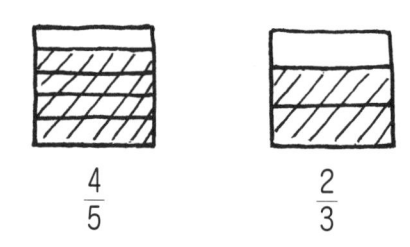

$\frac{4}{5}$　　$\frac{2}{3}$

第4章 算数のノート指導

● 折り紙とノートの罫線で分数を表す方法

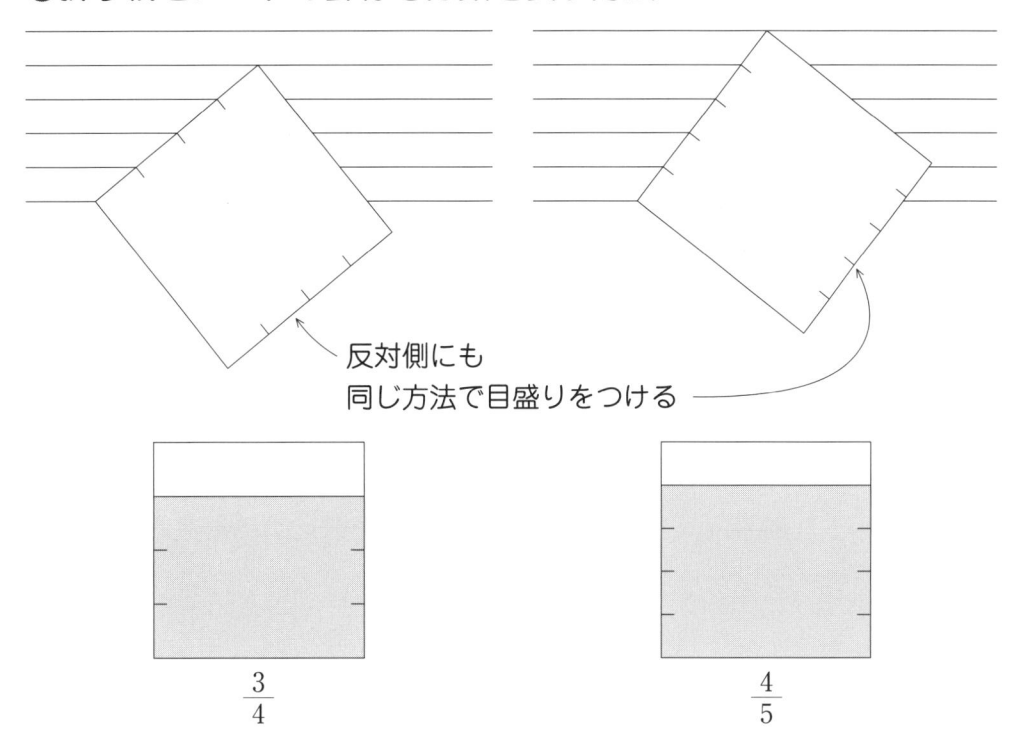

反対側にも
同じ方法で目盛りをつける

$\frac{3}{4}$

$\frac{4}{5}$

● 分数のひき算をタイル図で考える

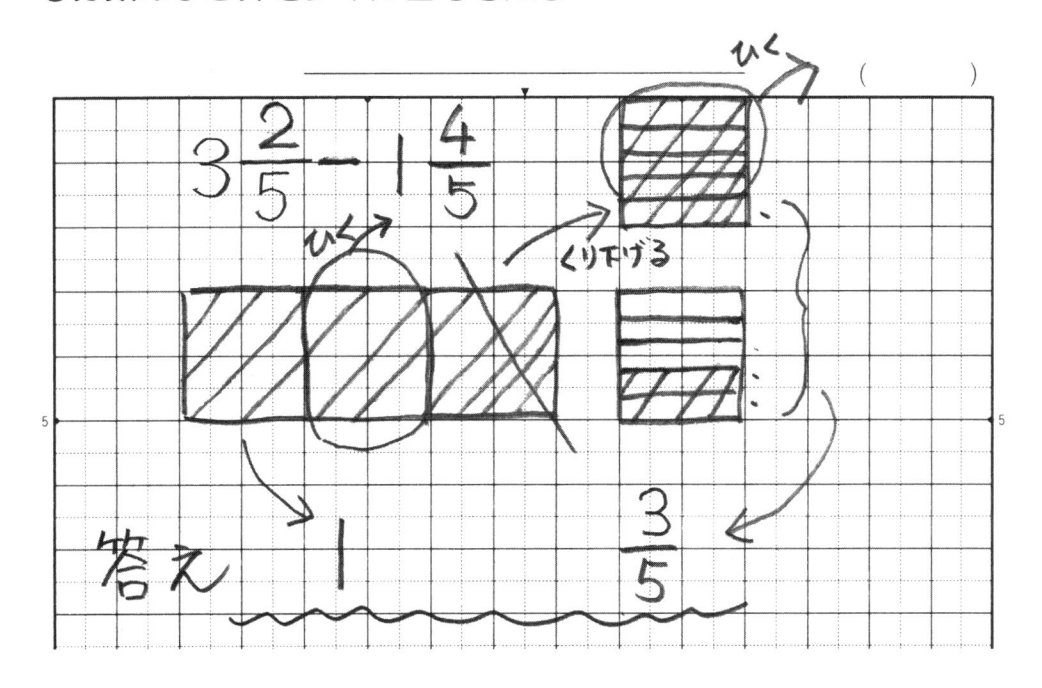

$3\frac{2}{5} - 1\frac{4}{5}$

ひく
くり下げる
ひく

答え 1 $\frac{3}{5}$

算数のノート指導　5年

フリーハンドで図形を書こう

　平面図形や立体図形をフリーハンドで表現できるまで練習させると，図形に対する理解がより正確になる。

手順

① 実物を使って，角柱の各部分の名称などを学習する。

② 三角柱，四角柱，五角柱，六角柱，円柱の名称と性質を学習した後，方眼ノートか横罫線ノートにフリーハンドでそれぞれの形を書かせる。特徴をとらえたイラストになるまで練習させる。

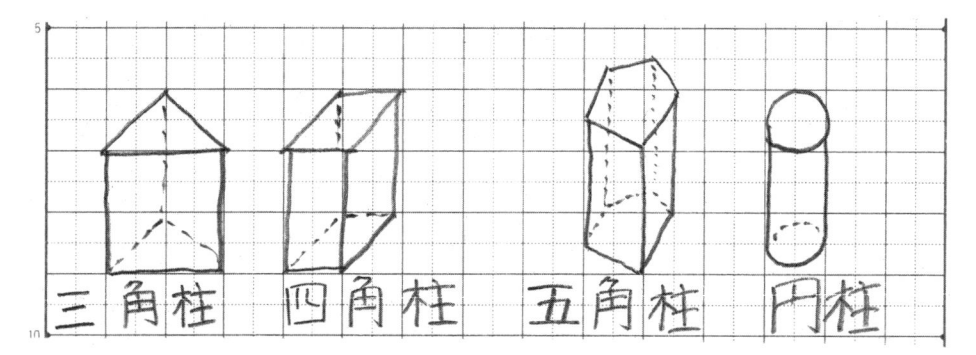

③ 早い段階で書けるようになった子どもには，白紙に書く練習をさせる。

④ 体積の学習でも問題の図をフリーハンドで書き写させ，数値も書き入れさせる。

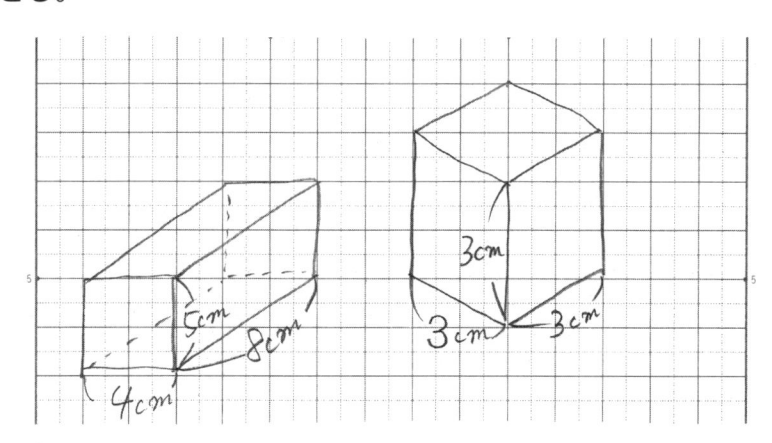

◆ フリーハンドで書いた立体に情報を書き込ませよう ◆

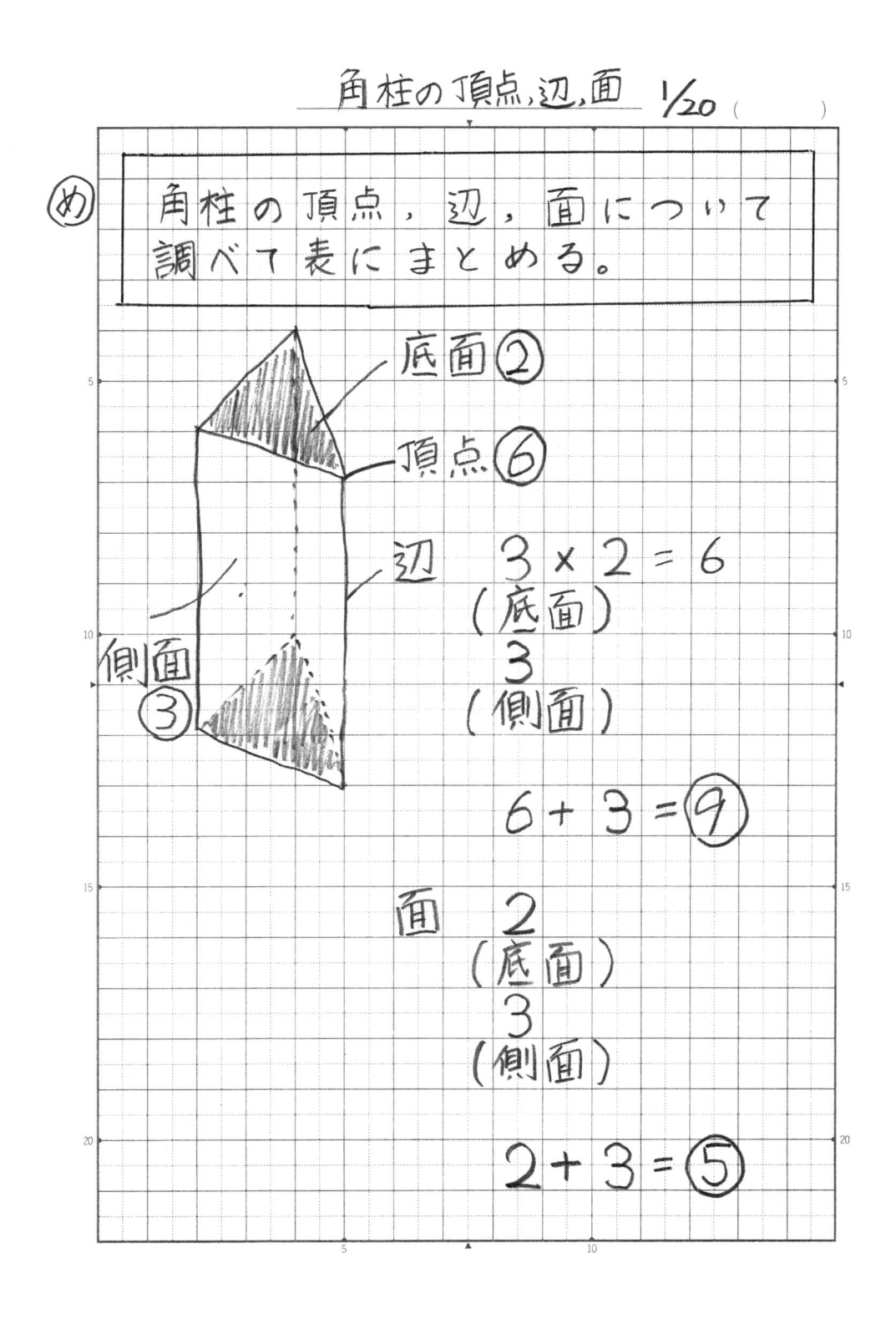

角柱の頂点,辺,面　1/20 (　　　)

め｜角柱の頂点,辺,面について調べて表にまとめる。

底面 ②

頂点 ⑥

側面 ③

辺　3×2=6
　　(底面)
　　3
　　(側面)

6 + 3 = ⑨

面　2
　　(底面)
　　3
　　(側面)

2 + 3 = ⑤

算数のノート指導　6年

補助数字を堂々と書こう

「くり上がった数字を足し忘れていた」「暗算で計算したら間違った」というミスを減らすために，計算の補助数字をはっきりと書くように指導する。

手順

① 補助数字の書き方を決める。

なるべく学校全体で補助数字の書き方を統一する。

担任が変わっても，他の教師が補教に入っても，同じ補助数字だと子どもが戸惑わない。

算数が苦手な子どもに余計なストレスを与えずにすむ。

② 「補助数字を堂々と書こう」と指導する。

何を書いたのかわからないのでは書いた意味がない。

適当に素早く書くのではなく，正確に読める数字をていねいに書くよう指導する。

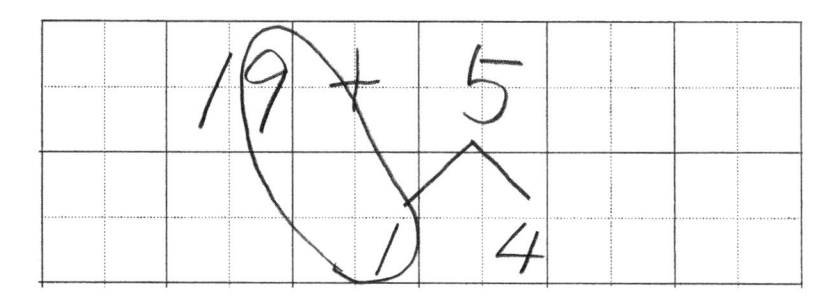

◆ 補助数字の書き方例 ◆

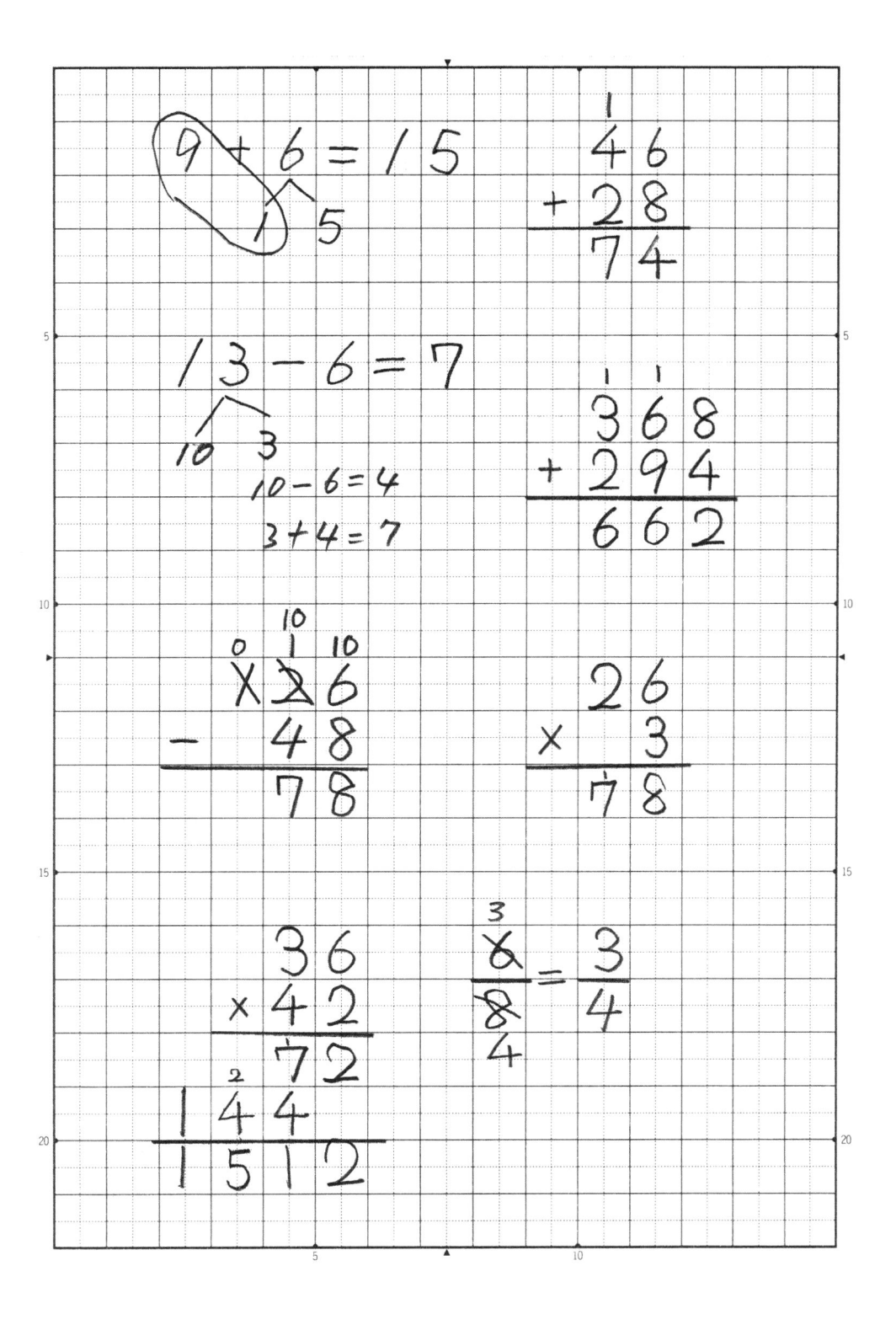

第5章

理科のノート指導

基本の書き方

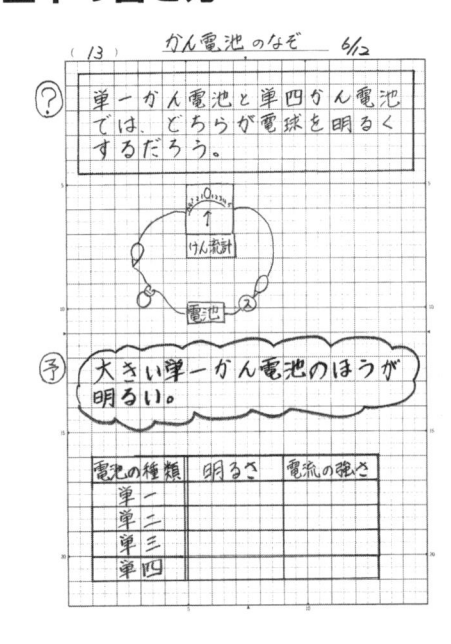

> ゆったりと使うと頭も整理しやすい

> 自分の考えを4Bや6Bの鉛筆で書くのも強調する方法の1つ

資料やワークシートを貼り付けよう

　授業で使う資料やワークシートは，ファイルに綴じるより，ノートに貼り付けるようにさせよう。

　ノートに貼ってあるほうが，見る機会が多いし，紛失することもないからである。

　教師は，ノートに貼ることを意識して学習プリントや教材プリントを作成しよう。

　印刷サイズも，B5かB6または葉書サイズぐらいに調節すると貼りやすい。

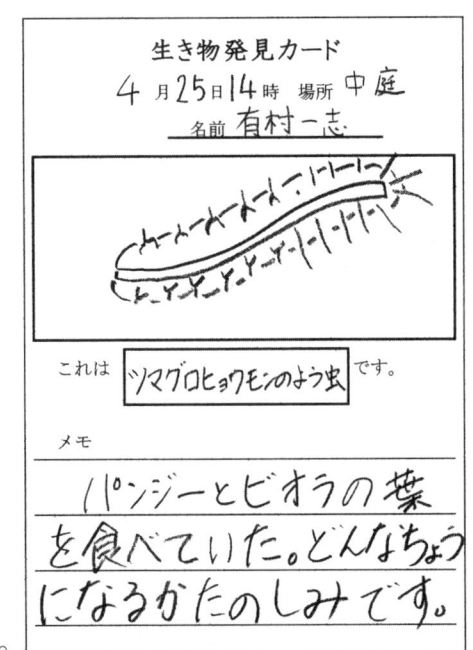

イラストで整理しよう

　実験道具や植物などをイラストで書かせると，漠然と見ていた物を細かくていねいに見るので，いい学習になる。

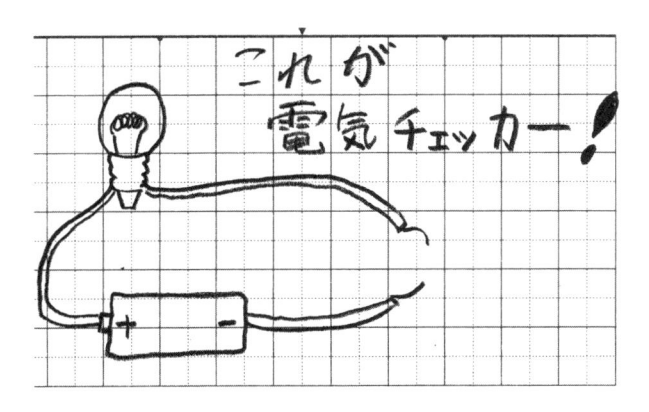

　理科や動植物の資料を用意して，自由に見ることができるようにすると子どもたちがイラストを書くいい参考になる。

比較表でまとめよう

　比較することで，それぞれの特色がはっきりする。

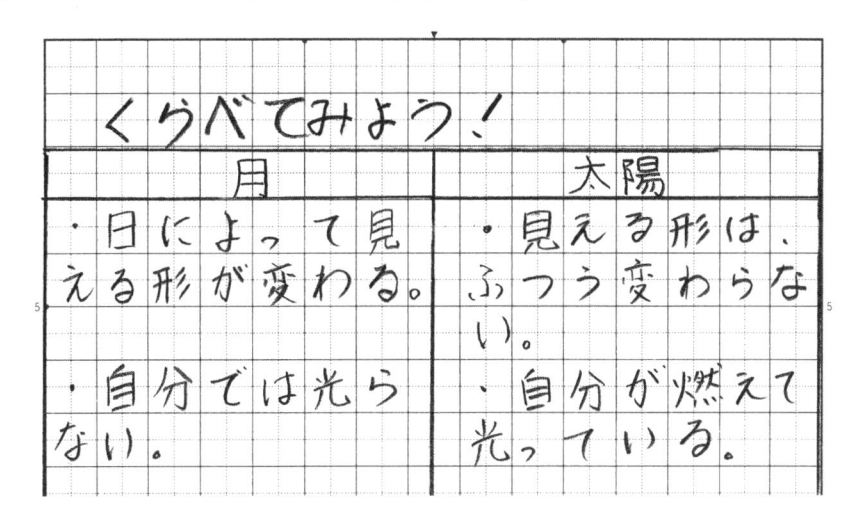

用語辞典にしよう

　よくわからない言葉を使っていても理解は深まらない。

　授業で出て来る言葉については，ノートを見れば意味がすぐわかるようにしたい。

　重要な言葉の意味をわかりやすく書き，ノートの最後に索引ページを作るか，ノートの最後に用語集としてまとめよう（p 21 参照）。

理科のノート指導　3年

イメージマップで学習をまとめよう

　学習したことを1枚の図にまとめることで，理解が進み記憶が深まる。

手順

① 単元の中心になる用語を中心に書く。
② 用語に関係する大切な言葉を中心から引いた線の上に書く。
③ ②で書いた言葉から引いた線の上に，それぞれの言葉から思いついた言葉を書く。

入門段階

① 教師が書いた図の空白を埋める。
② 教師の書く部分を減らしていく。

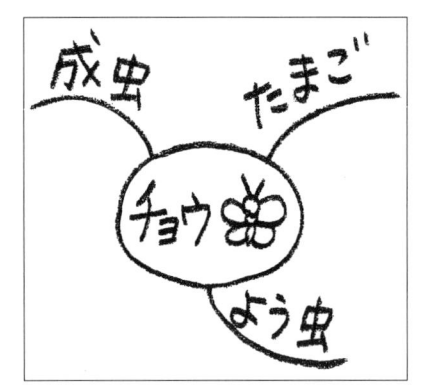

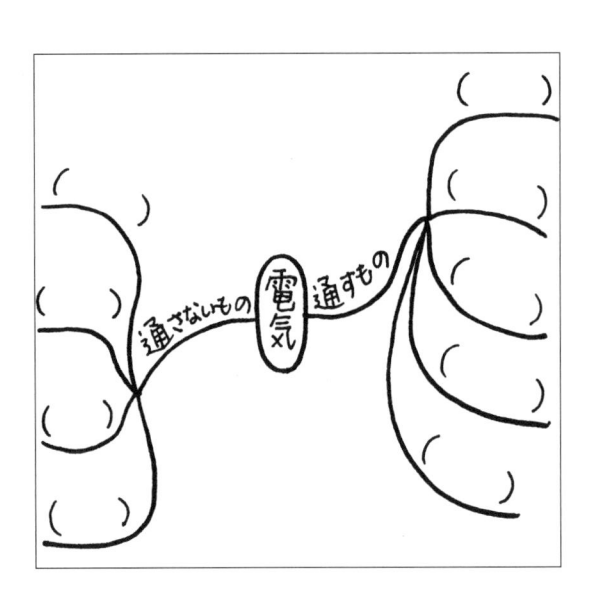

第5章 理科のノート指導

●イメージマップの書き方

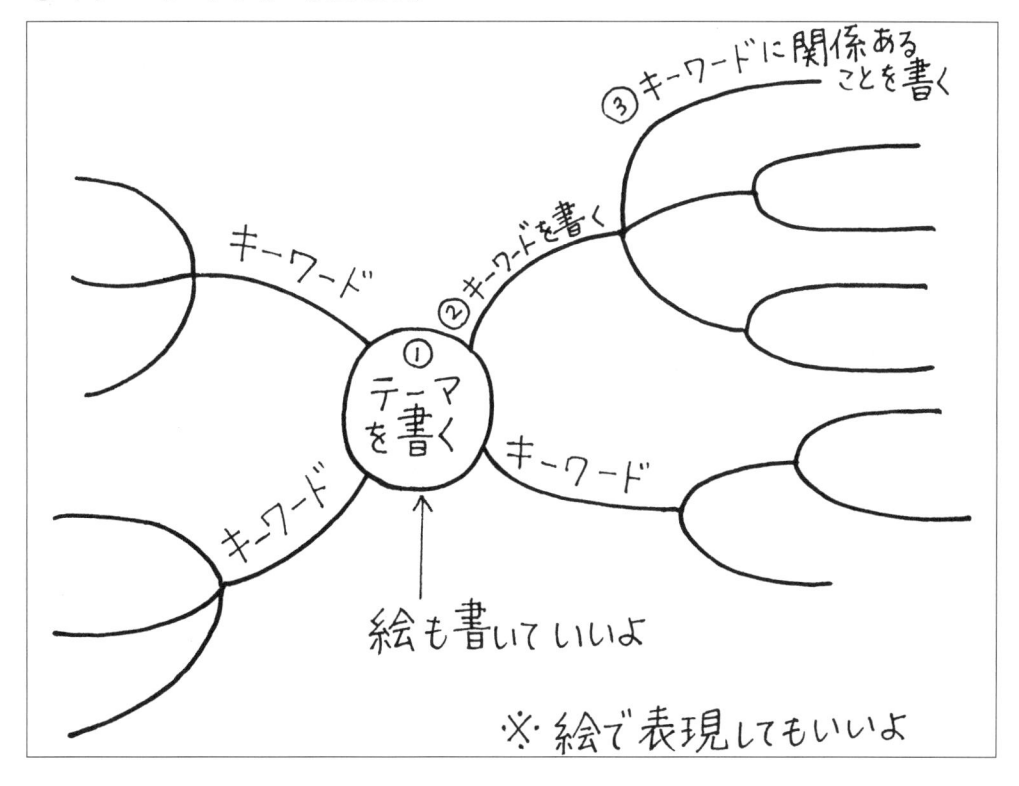

```
            ③キーワードに関係ある
              ことを書く
      キーワード    ②キーワードを書く
         ① 
        テーマ
        を書く
      キーワード    キーワード
         ↑
      絵も書いていいよ

              ※絵で表現してもいいよ
```

●イメージマップ例

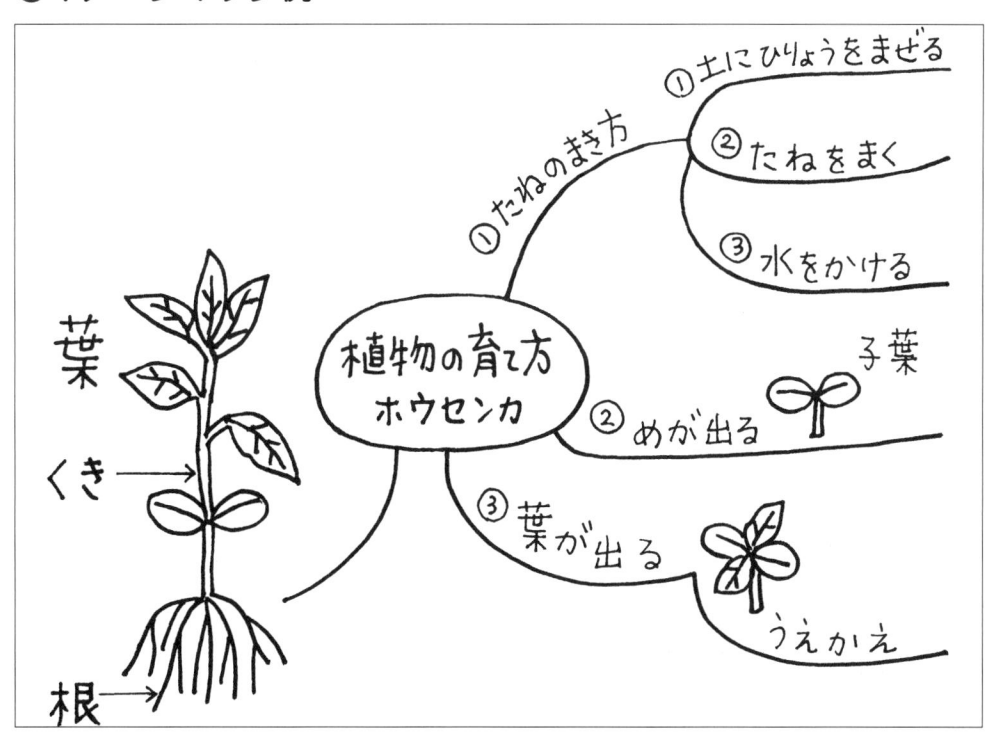

```
                  ①土にひりょうをまぜる
              ①たねのまき方 ②たねをまく
                  ③水をかける
  葉
  くき→  植物の育て方   子葉
         ホウセンカ  ②めが出る
  根→             ③葉が出る
                     うえかえ
```

69

理科のノート指導　4 年

マークや吹き出しを活用しよう

ノートを見直す時のポイントになる。

　マークや吹き出しを使うと，書く時間の節約になるだけでなく，ノートを見直す時のポイントになる。

手順

① 　最初は，教師が使うマークを決めて全員に使わせる。

② 　板書ももちろんこのマークを使う。

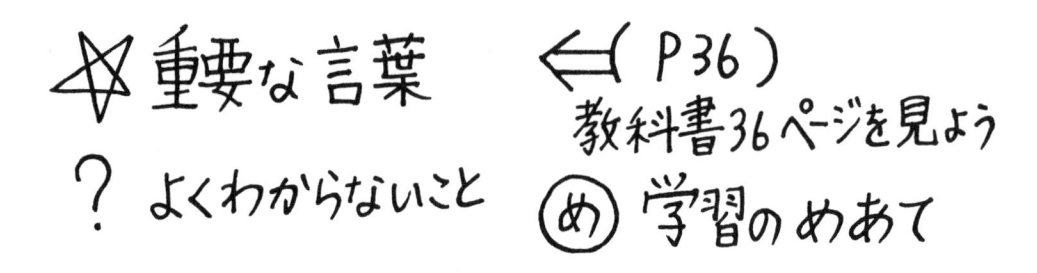

☆ 重要な言葉　　⇦（P36）教科書36ページを見よう

? よくわからないこと　　㊁ 学習のめあて

③ 　吹き出しもパターンを決めて使う。

私の考え　　先生の説明

④ 　キャラクターを使う。

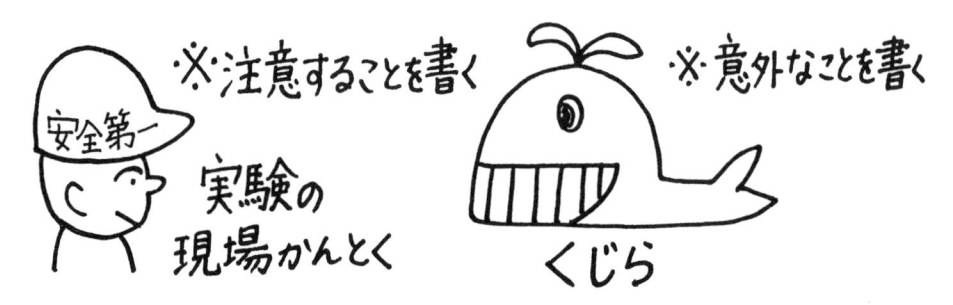

※注意することを書く　　※意外なことを書く

安全第一　実験の現場かんとく　　くじら

水を冷やしてみよう　11/6（42）

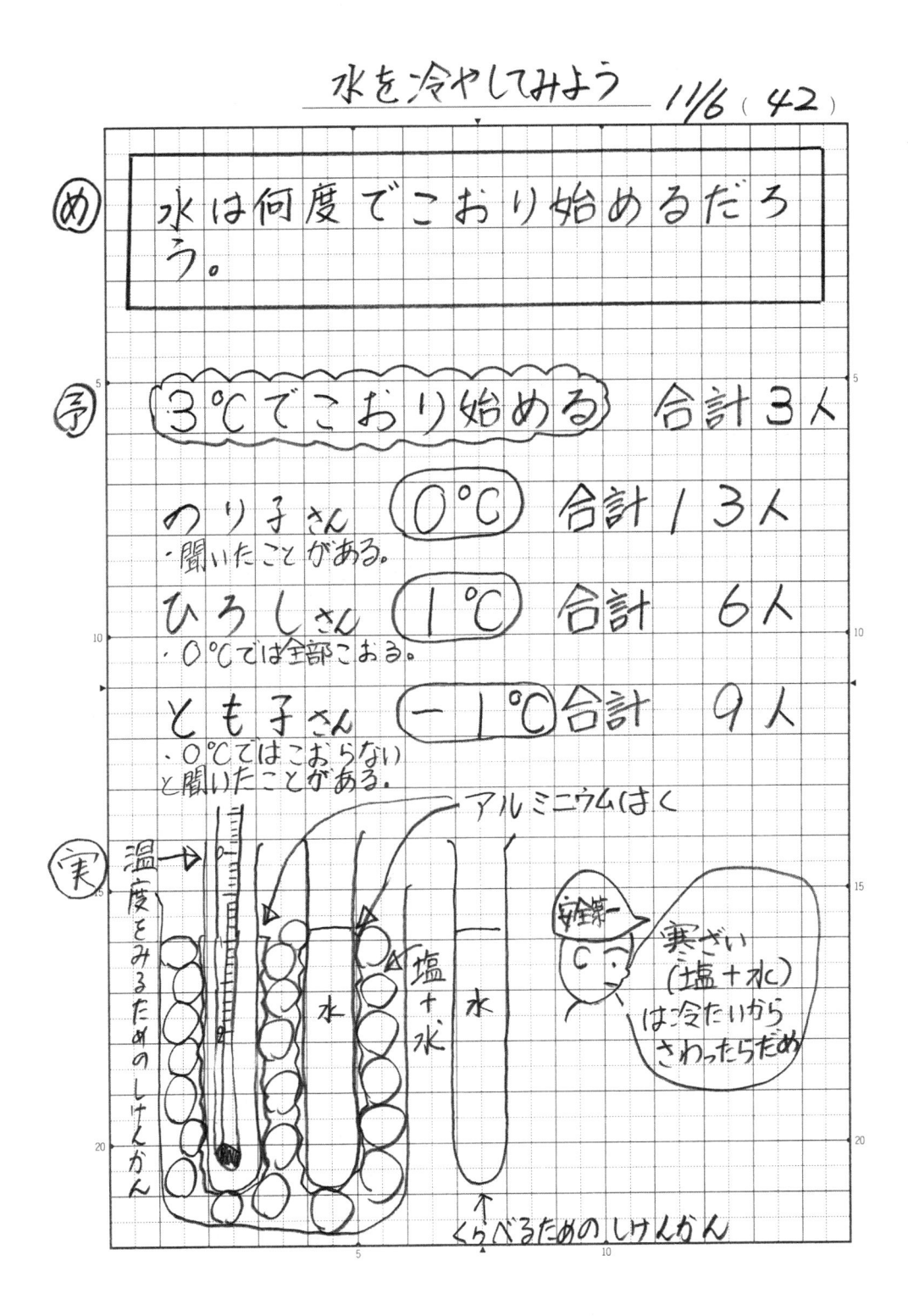

め　水は何度でこおり始めるだろう。

予　3℃でこおり始める　合計3人

のり子さん　0℃　合計13人
・聞いたことがある。

ひろしさん　1℃　合計6人
・0℃では全部こおる。

とも子さん　−1℃　合計9人
・0℃ではこおらないと聞いたことがある。

実　温度をみるためのしけんかん　アルミニウムはく　水　塩＋水　水　くらべるためのしけんかん

安全第一　寒ざい（塩＋水）は冷たいからさわったらだめ

理科のノート指導　5 年

観察や実験の図を絵手紙風に表現しよう

目と手と脳で覚えると思い出しやすい。

[手順]

① 観察したことや実験したことをイラストと言葉で絵手紙風にまとめる。教師のモデルを真似させるが，得意な子には自分で書かせる。

　イラストが苦手な教師は，いろいろな資料をもとにあらかじめ広幅用紙などに書いて準備しておく。

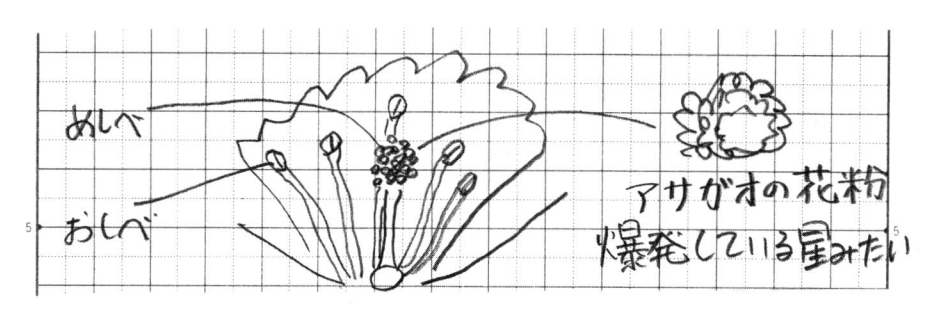

② イラストにキャッチフレーズ的な題名と印象に残りやすい説明を書き入れさせる。

・道具や素材の名称は赤ペンで書かせる。
・観察や実験の結果を正確に書かせる。
・教師が確認し，間違っていたら修正させる。

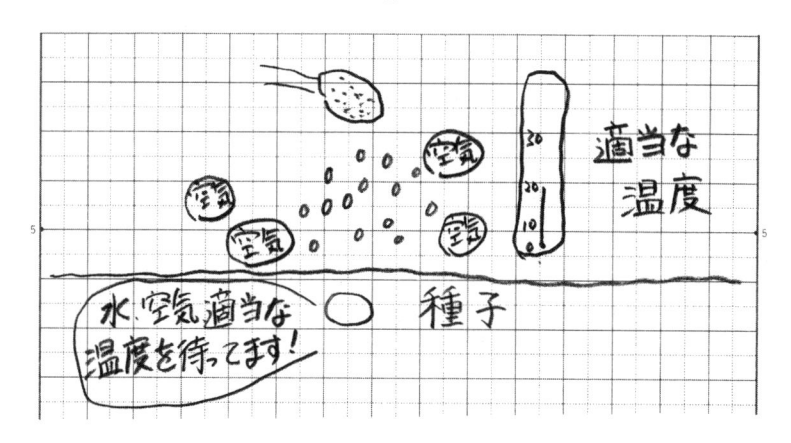

メダカのめすとおす 6/9 (15)

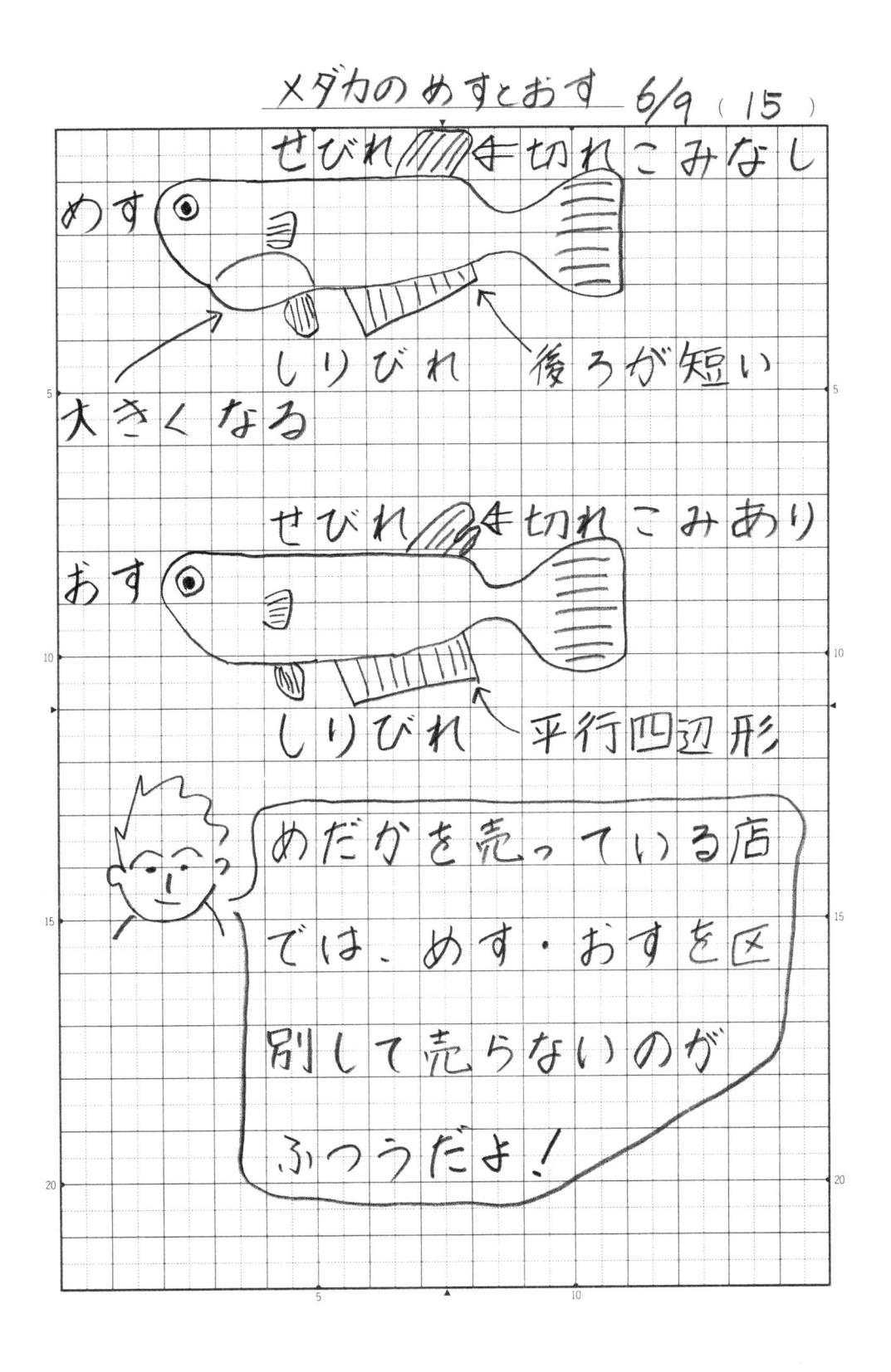

めす
せびれ　切れこみなし
しりびれ　後ろが短い
大きくなる

おす
せびれ　切れこみあり
しりびれ　平行四辺形

めだかを売っている店では、めす・おすを区別して売らないのがふつうだよ！

理科のノート指導　6年

用語集を作ろう

用語が理解できるとわかるようになる，好きになる。

手順

① ノートの後ろに用語集の1ページ目を作る。

※「教」は，教科書の頁数

② 子どもが大切だと思った言葉を書き込ませる。これは必ずという言葉は，教師のほうから指定する。

③ 用語の説明は，教科書や資料集またはノートを見て理解したものをまとめさせる。まとめる作業は，授業時間の中で行わせたり，理科の宿題として自宅でさせる。

④ 簡単なイラストが書ける場合は書き込ませる。

⑤ 教科書のページ数を書き，いつでも検索できるようにする。

⑥ 定期的にノートを集めて，用語集をしっかり書いているか確認する。

⑦ 用語を漢字で正しくかけるように，漢字練習帳を使って国語の漢字指導のようにていねいに練習させる。

⑧ 用語のみの小テストを定期的に行い，用語集を復習などで活用させる。

◆ 用語集見本 ◆

① 学習して大事だと思った言葉や先生の指定した言葉を,「用語」のところに書く。
② 言葉の意味を,教科書やノートなどを参考にして,わかりやすくまとめる。資料集や参考書も参考にしてね。
③ 用語集の表紙はノートの裏表紙で,用語集はノートを反対から使います。
④ 実験や観察で使う道具の名前も大切だよ。
⑤ 簡単なイラストが書けたら小さく入れてみよう。
⑥ 意味を見ないで言えるようになったら「C」のところをチェックしよう。

用語	C	意味	教
集気びん		気体を集めるためのびん	13
空気中の気体		ちっ素が $\frac{4}{5}$ で酸素が $\frac{1}{5}$	15
石灰水		二酸化炭素で白くにごる	16
酸素用検知管		酸素がどの程度含まれているかを調べるための管	18
化石燃料		石油,石炭,天然ガスなど。大昔の生き物が土に埋まり長い時間かけて変化した物。私たちが使うエネルギーの約80%	20

第6章

生活科・図工・音楽・家庭科・体育・道徳・英語活動・総合的な学習のノート指導

生活科のノート指導
マンダラートでまとめよう

　マンダラートは，正方形の9つのマスを使う思考方法。

　中央のセルに中心課題を言葉で書き，残りの8つのマスを中心課題から連想した言葉で埋める。8つのマスを埋めることが重要で，無理矢理にでも考え出すことが新しいアイデアを生み出すことにつながる。

　また，8つのマスに書いた言葉の中から，気になるものを選んで，新しいマンダラートの中心に書き，残りのマスを埋めることで，考えをより深めることができる。

　他教科，他学年でも活用できる。

手順

① 学習のキーワードになる言葉を指定して中心に書かせる。簡単に書けるイラストなら添えてもいい。

② キーワードから思いつくことを，周りの8つのマスに書き入れる。順番にこだわらずに，なるべく8つのマスを埋める。

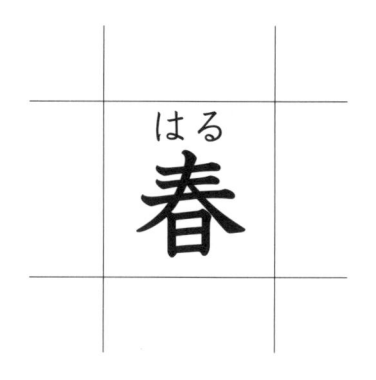

③ 周りに書いた8つの言葉の中で，気になったり，もっと調べたいと思ったものを中心に新しいマンダラートを作る。

④ どんな言葉を書いたか発表する。

⑤ 友だちの書いたものを聞いて，いいと思ったら自分のマンダラートの周辺にメモする。

第6章　生活科・図工・音楽・家庭科・体育・道徳・
　　　　英語活動・総合的な学習のノート指導

◆ マンダラートの例 ◆

あさがお	こすもす	ゆり
ばら	花（はな）	さくら
ひまわり	だりあ	すみれ

はる	あか	あお
🌰	あさがお	🌸
あさざく はな	つる	なつ やすみ

図工のノート指導
作品ファイルを作ろう

作品1点につき1枚の作品カードを作ってファイルさせる。

時間をかけて作成した作品である。鑑賞する学習は確実に行いたい。

手順

① 作品の写真を撮り，Lサイズ程度に印刷する。
② 写真をシートに貼り付ける。
③ 作品名と作品についての説明を書く。
④ 友だち，担任教師，家族に感想を書いてもらう。

作品の感想を書くヒント　いいところを見つけよう！

○作品を見て心に浮かんだことは何ですか。

○テーマと作品が合っていると思いますか。

○色づかいやデザインはどうですか。

○工作や粘土作品では，大きさや仕上げの状態はどうですか。

○個性的なところを発見しましたか。

---

⑤ 自分の感想を書く。
⑥ 完成したら作品ファイルに綴じる。

◀作品ファイル(表紙)

第6章　生活科・図工・音楽・家庭科・体育・道徳・
英語活動・総合的な学習のノート指導

作品名　| 赤色のりゅう |

作品

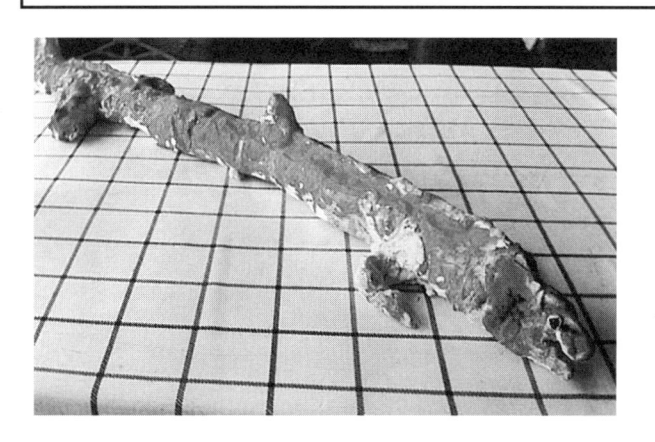

名前　くらみつ ひろむ　　　4 年 11 月 9 日

作品せつめい
この赤いりゅうは 奄美の島々をまわって
むらさき色の たまを さがしています。

みんなの感想

友だち（ひとみ）	はくりょくある 作品が できましたね。今にも とんでいきそうです。
友だち（さとし）	よくこんな 大きなりゅうを つくれたね。かっこいい！
先生（大はま先生）	とても 不思議な感じの 赤いりゅうですね。奄美の守り神かもしれないね。
保護者（母）	大きくて、りっぱなりゅうが つくれましたね。

音楽のノート指導

鑑賞ノートを作ろう

作品と自分を関連づけることで興味を持ち鑑賞することができる。

子どもたちが，作品と自分とのつながりを見つけやすいもので行う。

手順

① 鑑賞する前に，作品に関係のある情報を調べる。

題名，作曲家，作詞家，使われている楽器，時代背景などの情報を調べて子どもたちに紹介する。高学年児童の場合は，書籍やインターネットで調べさせる。

② 集めた情報をもとに教師がイメージマップを黒板に書き，情報を共有する。

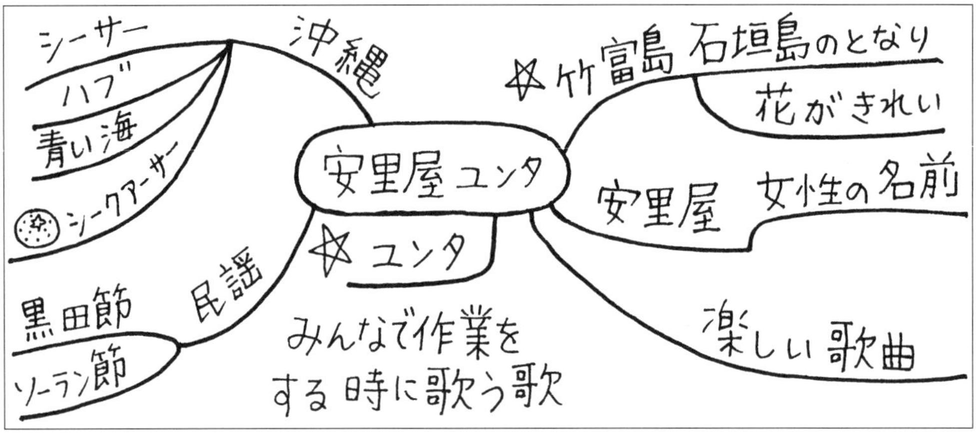

安里屋ユンタ
沖縄
シーサー
ハブ
青い海
シークアーサー
民謡
黒田節
ソーラン節
☆ユンタ
みんなで作業をする時に歌う歌
☆竹富島 石垣島のとなり
花がきれい
安里屋 女性の名前
楽しい歌曲

③ 自分が興味を感じたものを選んで☆マークをつける。

④ そのなかの１つか２つについて，自分が興味を持った理由や疑問点，調べてわかったことなどをイメージマップに書き入れる。

⑤ 鑑賞する。

⑥ イメージマップに，鑑賞した後の感想を，関係する言葉の近くに書き込む。

第6章　生活科・図工・音楽・家庭科・体育・道徳・英語活動・総合的な学習のノート指導

● 鑑賞する作品について調べてみよう

作曲した人や作詞した人の名前や生まれた国，使われている楽器など

曲名	荒城の月

調べたこと　滝廉太郎の他の作品
土井晩翠作詞　山田耕筰編曲
滝廉太郎の作曲　滝廉太郎明治の作曲家
作品　箱根八里、かちかち山、鳩ぽっぽ
雪やこんこ、お正月、さようなら

● イメージマップを完成しよう

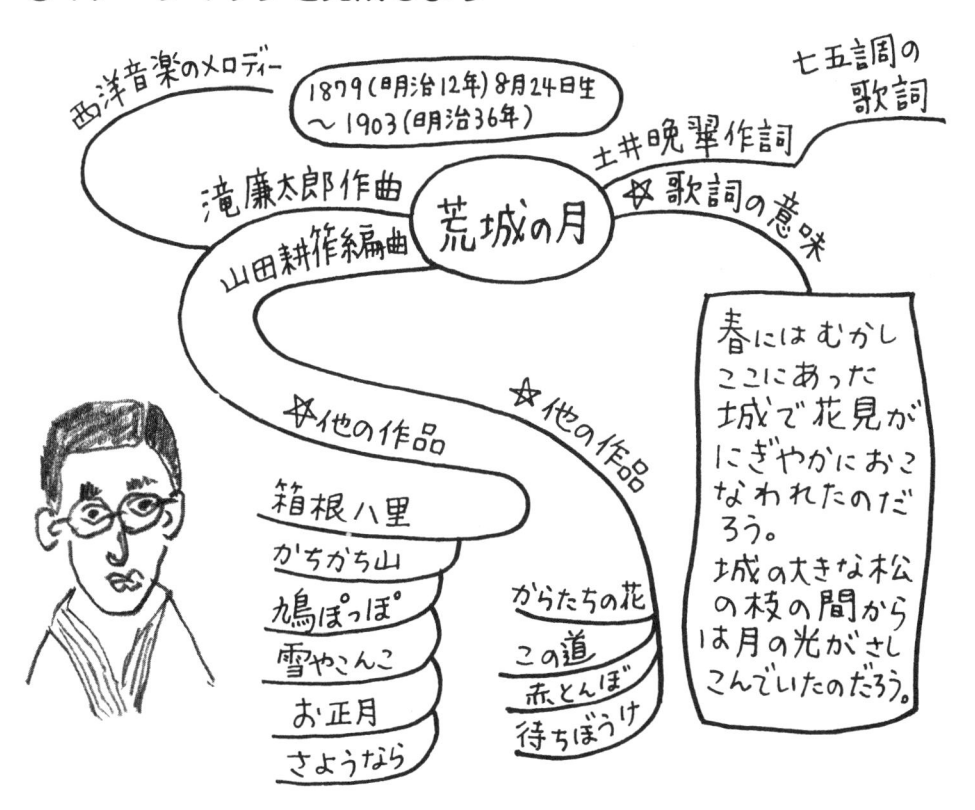

西洋音楽のメロディー
1879(明治12年)8月24日生
～1903(明治36年)
七五調の歌詞
滝廉太郎作曲
土井晩翠作詞
山田耕筰編曲
荒城の月
☆歌詞の意味

春にはむかし
ここにあった
城で花見が
にぎやかにおこ
なわれたのだ
ろう。
城の大きな松
の枝の間から
は月の光がさし
こんでいたのだろう。

☆他の作品
箱根八里
かちかち山
鳩ぽっぽ
雪やこんこ
お正月
さようなら

☆他の作品
からたちの花
この道
赤とんぼ
待ちぼうけ

家庭科のノート指導
人とつながるノート作り

　家庭科で学習する料理もそうじも洗濯も，人と楽しく過ごすために必要な学習。人とのつながりを意識させる授業作りをしたい。

手順

【活動前】

　学習することが，自分と他の人にとってどう役に立つのかを考えてノートに「人とつながるポイント」としてまとめる。

【活動後】

① 設定した相手にインタビューをするために，質問したいことをQ欄に書く。書いた後に音読して言いにくい時は書き直す。

　友だちと模擬インタビューを行い，インタビューの仕方についてアドバイスをもらう。

② 実際にインタビューをして，回答を記録する。

　インタビュー後に相手に見てもらって，内容を確認してもらい，修正が必要な場合は書き直す。

```
Q みそ汁の味はどうでしたか
     ↓
Q だしのとり方に気をつけてみそ汁をつくりました。
  味はどうでしたか。
```

③ インタビューした相手の回答を聞いた感想を書く。

④ 数人にインタビューしてノートを仕上げる。

第6章　生活科・図工・音楽・家庭科・体育・道徳・
　　　　英語活動・総合的な学習のノート指導

●家庭科　人とつながるノート

　　　　　　　　　　　　　6月　3日　火　曜日

学習したこと	みそ汁づくり
人とつながるポイント	おいしいみそ汁を食べてもらう
活動内容	みそ汁づくり　試食して感想を聞く

インタビューの記録　　相手（坂口道代先生）

Q　だしのとり方に気をつけてみそ汁をつくりました。味はどうでしたか。
A　だしのとり方をどうしたか教えてください。
Q　にぼしの頭とはらわたを取ってにがくないようにしました。
A　だしのとり方をくふうしたんですね　とてもおいしかったですよ。

感想　だしのとり方をくふうしたことをほめてもらえてうれしかった。

インタビューの記録　　相手（原田ゆきさん）

Q　わたしたちの班のみそ汁の味はどうでしたか。
A　具の玉ねぎがとてもおいしかったです。
Q　玉ねぎは地元産を使いました。
A　それを先に聞くと、もっとおいしく感じられたかもしれません。
Q　どんな具のはいったみそ汁が好きですか。
A　かぼちゃや、なすびもいいですね。

感想　地元産の玉ねぎを使ったことを先に説明した方がよかったと反省しました。

体育のノート指導
自分の記録を綴るノートを一冊持とう

　小学校6年間を通じて使う体育の記録ノートを作成する。

　子どもが自分の成長を実感し、目標を持って体育に参加できるようになる1つの動機として役に立つノートにする。

　ノートは、1年生の1学期に用意する。

　1年生からできない場合は、何年生から始めてもいい。6年生から始めて中学校の記録は自分で書き込むようにすすめてもいい。

手順

① 　右ページのような書式を作り印刷してファイルに綴じる。

② 　表紙を書く。

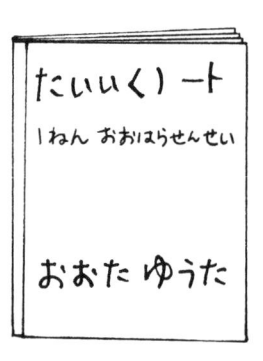

③ 　毎時間ではなく、単元の終わりや、新スポーツテストを実施した時などに一番よかった成績を記録する。

④ 　低学年では担任が記録するが、中・高学年では子どもが自分で記録する。

⑤ 　身体検査の結果を記録するページを作ることもできる。

第6章　生活科・図工・音楽・家庭科・体育・道徳・
　　　　英語活動・総合的な学習のノート指導

●体育の記録ノート

項目例

　遊具を使った遊び，50m走，持久走のタイムと順位，マット運動

　泳いだ長さ，泳いだタイム，表現（ダンス），なわとび

　新体力テストの項目

※なわとび，跳び箱，マット，鉄棒などは，主な演技名を書いた詳しい一覧表を作る。

50m走

学年	月	記録
1年	6	11びょう73
1年	2	11びょう24

表現（ダンス）

学年	月	記録
1年	10	ぐりぶーたいそう たのしかった！

のぼりぼう

学年	月	記録
1年	5	2mのたかさまで
1年	3	3mのたかさまで

道徳のノート指導
いろいろな行動を予想して付箋に書こう

　教材を途中まで読んで，その後に登場人物のとる行動を複数考えさせる。
　または，教材を全文読んだ後，登場人物のとった行動とは異なる行動を考えさせる。複数の行動を考えさせることで，自分のとる選択を真剣に考えさせることができる。

手順　教材を途中まで読んで，考えさせる場合

① 教材を途中まで読む。通読はしない。
② 登場人物のとる行動をいくつか予想させ，付箋紙に書き込ませる。
③ 書いた付箋紙を，いいと思う行動から順に並べてノートに貼らせる。
④ それぞれの行動について，いいと思う理由や，よくないと思う理由を書かせる。
⑤ 意見を発表する。友だちの考えた行動と理由について聞く。
⑥ とても参考になった意見はノートに書き加える。
⑦ 話の続きを聞き，登場人物のとった行動について感想を書く。

手順　教材を全文読んだ後で，考えさせる場合

① 教材を全文読む。
② 登場人物がとることのできた別の行動をいくつか予想させ，付箋紙に書き込ませる。
③ 書いた付箋紙を，いいと思う行動から順に並べてノートに貼らせる。
④ それぞれの行動について，いいと思う理由や，よくないと思う理由を書き込ませる。
⑤ 意見を発表する。友だちの考えた行動と理由を聞く。
⑥ とても参考になった意見はノートに書き加える。
⑦ 登場人物のとった行動についての感想を書く。

第6章　生活科・図工・音楽・家庭科・体育・道徳・
　　　　英語活動・総合的な学習のノート指導

●付箋を使ったノート例
教材を途中まで読んで，考えさせる場合

　ぼくは，同級生2人が，転入生の持ち物に落書きをしたり　消しゴムを隠したりするのをぐうぜん見てしまった。

　2人は，ぼくが見ていたことに気づいていなかった。

　次の日，ぼくは……。

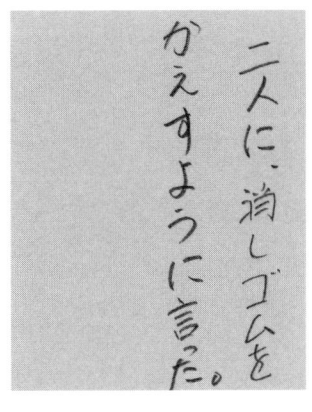

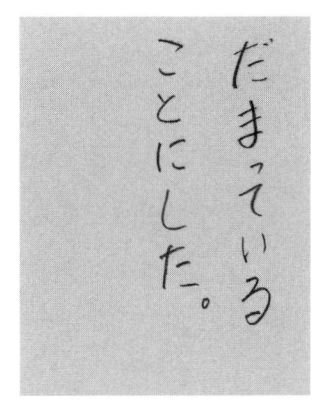

朝の会のときに先生に見たことを話した。	二人に，消しゴムをかえすように言った。	だまっていることにした。
二人に，どうしてあんなことをしたのか聞いて注意した。	休み時間に先生にこっそり話した。	転入生に，二人のことを話した。

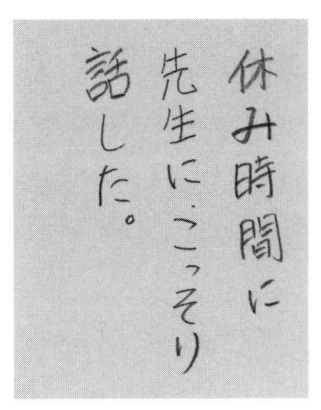

　　　登場人物のとる行動をいくつか予想し，
　　　付箋紙に書き込む

英語活動のノート指導
英語紙芝居ノートを作ろう

　場面を見ながら会話の練習をしよう。

　小学校で英語を書く活動はしないので，英語ノートではなく，無地のノートを1冊用意させる。

　手順

① 学習する英語活動の内容を予告する。（例　好きな果物を紹介しよう）
② 授業までに，ノートの見開き左ページに，予告した英語活動に関係のあるイラストを1つ大きく書いてくるよう指示する。

　教師が見本を書いて見せることが大切。

③ 授業に子どもたちの書いてきたイラストをなるべく取り入れる。

　自分の好きな果物を友だちに紹介する場面で，自分の書いてきたイラストを相手に見せながら英語で話す。

④ ノートの右ページに学習した英会話の日本文を大きく書いておく。

第6章 生活科・図工・音楽・家庭科・体育・道徳・
英語活動・総合的な学習のノート指導

あなたの好きな
スポーツは何ですか。

わたしの好きな
スポーツはサッカーです。

ノートの左ページ　　　　ノートの右ページ

わたしは
泳ぐことが
できます。

ノートの左ページ　　　　ノートの右ページ

総合的な学習のノート指導
取材メモの技術を指導しよう

何をどう書くのかをしっかり教えよう。

手順

① 取材前の準備をさせる。
- 何を知りたいのか。
- そのためにはどんな人に取材したらいいのか。
- 具体的にどこの誰に取材をしたいのか考えさせる。できれば複数の候補を見つけさせる。
- 取材の申し込みをさせる。(いつ, どこで, 取材に誰と行くかをはっきりさせた上で申し込む)

② 質問・回答・予想そして予想される回答に対する次の質問まで考えさせる。
- 知りたいことは何か。
- そのために, どう質問するか。
- 予想される回答は何か。
- 予想される回答が返ってきた時, 次に何を質問するか。

③ 質問の練習を友だちとさせ, 質問内容などを見直す。

④ 取材記録をしっかりとらせる。
- なるべく2人か3人組で行かせる。
- 1人は写真で取材の様子を撮影する。相手に使用目的を話して撮影の許可をもらうことを忘れない。
- 取材記録を相手に見てもらい必要な場合は訂正する。

⑤ 取材メモをもとに取材記録を清書する。

⑥ 取材した相手にお礼の手紙を出させる。葉書でいいので, 取材後3日以内には出させる。

第6章　生活科・図工・音楽・家庭科・体育・道徳・
　　　　英語活動・総合的な学習のノート指導

取材メモ　　　　　　　6年 3組　名前（ 大坪 かずえ ）

取材相手　名前　橋口 小吾（はしぐち さとる）　性別（男）
　　　　　肩書き　調理師　　年齢　56才
　　　　　住んでいる市町村名　南さつま市

質問
> 調理師になるきっかけを教えてください。

予想される答え

解答
> ① 料理が好きだったから。
> ② 親か親せきに調理師がいたから。
> ③ テレビか本の影響で調理師にあこがれた。

最初の質問に関係のある，もっと聞きたいこと

質問
> 郷土料理の専門家として，特に気をつけていることは何ですか。

予想される答え

解答
> ① 観光客のみなさんに喜んでもらえるように店の内装をくふうしています。
> ② 料理の説明ができるように勉強しています。

著者紹介

●蔵満逸司

1961年鹿児島生まれ。現在南さつま市立加世田小学校勤務。
授業づくりネットワーク，日本LD学会，かごしま子ども研究センターなどに所属。

著書
『子どもも保護者も愛読者にする小学校1・2・3年の楽しい学級通信のアイデア48』『子どもも保護者も愛読者にする小学校4・5・6年の楽しい学級通信のアイデア48』（黎明書房），『授業のアイデア1・2年』（ひまわり社），『奄美まるごと小百科』『奄美食紀行』『奄美もの知りクイズ350問』『鹿児島もの知りクイズ350問』（南方新社），『授業のツボがよくわかる算数の授業技術 高学年』（学事出版）

編著
『やる気と集中力を持続させる算数の授業ミニネタ&コツ101』（上條晴夫監修，学事出版），『楽しみながら思考力を鍛える小学校算数の学習ゲーム集』（上條晴夫氏との共編著，学事出版）

共著
『42の出題パターンで楽しむ痛快社会科クイズ608』『クイズの出し方大辞典付き笑って楽しむ体育クイズ417』（共に中村健一氏との共著，黎明書房）

出演DVD
『実践！ ミニネタアイディア集算数編2巻』『演劇・パフォーマンス系導入パターン』（ジャパンライム社）

南日本新聞に，学習クイズ「ミナミさんちのクイズ」を2010年10月から毎日執筆している。

＊執筆協力：田村昭生，兵土美和子，蔵満結花

＊本文イラスト：伊東美貴

見やすくきれいな小学生の教科別ノート指導

2012年3月10日 初版発行

著 者　蔵　満　逸　司
発行者　武　馬　久仁裕
印　刷　株式会社　太洋社
製　本　株式会社　太洋社

発 行 所　株式会社　黎明書房

〒460-0002 名古屋市中区丸の内3-6-27 EBSビル
☎052-962-3045　FAX052-951-9065　振替・00880-1-59001
〒101-0051 東京連絡所・千代田区神田神保町1-32-2
南部ビル302号　☎03-3268-3470

落丁本・乱丁本はお取替します。　　　　ISBN978-4-654-01870-3

© I. Kuramitsu 2012, Printed in Japan

書名	体裁・価格	著者・内容
子どもも保護者も愛読者にする 小学校1・2・3年の楽しい**学級通信のアイデア48** B5／102頁　2000円		蔵満逸司著　子どもとの距離がぐっと近づく学級通信の，作成手順や具体例，コピーして使えるワークシートを掲載。子どもの登校時刻通信／宿題説明号／引換券つき授業参観案内／他。
子どもも保護者も愛読者にする 小学校4・5・6年の楽しい**学級通信のアイデア48** B5／102頁　2000円		蔵満逸司著　保護者からの信頼感が増す学級通信の，作成手順や具体例，コピーして使えるワークシートを掲載。テスト対策通信／QRコードをかしこく活用／中学校ニュース／他。
42の出題パターンで楽しむ **痛快社会科クイズ608** B6／93頁　1200円		蔵満逸司・中村健一　教師のための携帯ブックス③／授業を盛り上げ，子どもたちを社会科のとりこにするクイズの愉快な出し方42種と608の社会科クイズを紹介。地名たし算クイズ／他。
クイズの出し方大辞典付き **笑って楽しむ体育クイズ417** B6／95頁　1200円		蔵満逸司・中村健一著　教師のための携帯ブックス⑦／サッカー，ドッジボールなどのスポーツのルールや，エイズ，インフルエンザなどの病気の基礎知識が身につく体育クイズを417紹介。
歴史壁面クイズで楽しく学ぼう ①縄文時代〜平安時代／②鎌倉時代〜江戸時代／③明治時代〜平成（全3巻） B5／各79頁　各1700円		阿部隆幸・中村健一著　コピーして貼るだけ！歴史壁面クイズ201問（各巻67問）で楽しく知識の定着が図れます。教室の掲示物に活用でき，毎日貼りかえても1年使えます。
子どもの表現力を磨く **おもしろ国語道場** A5／133頁　1700円		中村健一編著　なぞかけや回文，言い間違いなど，子どもが喜ぶおもしろクイズとクイズの作り方。楽しみながら表現する力を鍛えられるよう構成。授業の導入や集中力を高めたい時に最適！
学級担任に絶対必要な **「フォロー」の技術** 四六／155頁　1600円		中村健一編著　今どきの子どもを的確に動かす新しい教育技術，「フォロー」について詳しく紹介。教室でトラブルを起こす子にも効果的に対応できます。担任教師必読の書。
学級担任が進める **通常学級の特別支援教育** 四六／181頁　1700円		大前暁政著　目の前の特別支援を必要とする子どもにどう対応するか。確実な成果をあげた著者の多くの実践をもとに，場面場面の具体的対応と理論を紹介。通常学級の担任教師，待望の書。
仕事の成果を何倍にも高める **教師のノート術** 四六／148頁　1500円		大前暁政著　ノートを活用した授業細案の書き方，学級開きやイベントの計画の立て方，会議や研究会・セミナーでのノートの取り方など，仕事のスタイルに合わせたノート術を紹介。

表示価格は本体価格です。別途消費税がかかります。

子どもの心をゆさぶる **多賀一郎の国語の授業の作り方** A5／134頁　1700円	多賀一郎著　教育の達人に学ぶ①／達人教師が，講習会でよく質問される教材研究の仕方や，発問・板書の仕方などを詳述。また，本を活用した学級教育を丁寧に紹介。
教室に笑顔があふれる **中村健一の安心感のある学級づくり** A5／158頁　1800円	中村健一著　教育の達人に学ぶ②／子どもたちの心をツカみ，「お笑い・フォロー・厳しく叱る」で笑顔あふれる学級をつくる，中村式学級経営法を紹介。保護者の信頼を勝ち得る方法も語る。
山本昌猷の「学びの技」を育てる **学級づくりの知恵と技** A5／157頁　1800円	山本昌猷著　達人教師・山本昌猷の知恵と技①／40年間の実践を通して著者が獲得した，大学の教職課程で学ばない「学級づくりの知恵と技」が詰まった新任教師・若い教師の座右の書。
山本昌猷のこうすればうまくいく **授業づくりの知恵と技** A5／188頁　2100円	山本昌猷著　達人教師・山本昌猷の知恵と技②／ベテラン教師のすばらしい授業を裏で支える知恵と技をおしげもなく公開。授業構成の2つの軸／発問の基本／誤答の活かし方／他。
誰でもうまくいく！ **普段の楽しい社会科授業のつくり方** 四六／152頁　1600円	長瀬拓也著　時間をかけて特別な準備をしなくても，限られた時間の中で，子どもたちが楽しく，興味をもって学習に取り組める授業を構想し，つくる方法を，社会科の実践例をもとに詳述。
新版　これだけは知っておきたい **教師の禁句・教師の名句** 四六／195頁　1700円	諏訪耕一・馬場賢治・清水慶一編著　いじめ，不登校，進路，携帯電話やインターネットのトラブルなど，様々な指導場面での適切なことばかけの実例を，発達段階ごとに紹介。名著の全面改訂版。
教育に「希望」をつむぐ教師たち ──「感動ありがとう」教師の知恵と自覚に学ぶ A5／157頁　2000円	前田勝洋著　ひたすら子どもたちのために，また自己実現のために実践する教師の取り組みを紹介。困難な課題に直面する教師や学校を元気にする本。小社HPで著者の「学校行脚」連載中。
発達障害の子どもにも使える　カラー版 **小学生のためのSSTカード+SSTの進め方** B5／50頁＋カラー絵カード16枚　3600円	田中和代著　今すぐSSTを実施したい小学校教師のための基本16ケースに絞ったカラーSSTカード付き実践ガイドブック。がまんを学ぶ／友だちとの距離のとり方／お礼を言う／他。
自尊感情を持たせ，きちんと自己主張できる子を育てる **アサーショントレーニング40** ──先生と子どもと親のためのワークブック B5／192頁　2700円	リサM.シャーブ著　上田勢子訳　きちんと上手に自己主張できるようになる40のアクティビティ。教室や家庭，カウンセリングの場で，楽しくできます。自分のことをよく思おう／他。

表示価格は本体価格です。別途消費税がかかります。